이슬람주의, 계급, 혁명

오늘날의 마르크스주의 09

이슬람주의, 계급, 혁명

크리스 하먼 지음 | 이수현 옮김

책갈피

오늘날의 마르크스주의 09

이슬람주의, 계급, 혁명

지은이 크리스 하먼
옮긴이 이수현

펴낸곳 도서출판 책갈피

등록 1992년 2월 14일(제18-29호)
주소 서울시 중구 필동2가 106-6 2층
전화 02)2265-6354
팩스 02)2265-6395
이메일 bookmarx@naver.com

초판 발행일 2011년 3월 7일
두 번째 찍은 날 2024년 10월 24일

ISBN 978-89-7966-084-5 03300
ISBN 978-89-7966-062-6(세트)
값 4,900원

차례

일러두기

1. 이 책은 Chris Harman, The Prophet and the Proletariat, *International Socialism* 64(Autumn, 1994)를 번역한 것이다.
2. 인명과 지명 등의 외래어는 최대한 외래어 표기법에 맞춰 표기했다.
3. [ ]는 독자의 이해를 돕기 위해 옮긴이가 덧붙인 것이고, 인용문에서 지은이가 첨가한 것은 [— 지은이]라고 표기했다. 각주는 독자의 이해를 돕기 위해 옮긴이가 덧붙인 설명이고, 저자의 주는 모두 후주로 처리했다.
4. 원문에서 이탤릭체로 표시된 부분은 고딕체로 표시했다.
5. 책과 잡지는 《 》로, 신문과 주간지는 〈 〉로, 논문과 신문 기사 제목은 " "로 표시했다.

이슬람주의, 계급, 혁명

적어도 1978~79년 이란 혁명 이후 중동과 그 인근 지역의 정치를 지배해 온 것은 이슬람주의 운동들이었다. 서방에서 '이슬람 원리주의', '이슬람주의', '전통주의'(integrism), '정치적 이슬람', '이슬람 부흥주의'라고도 부르는 이 운동들은 예언자 무함마드의 원래 가르침대로 사회를 '재건'하자고 주장한다. 그 운동들은 이란·수단(에서 권력을 장악했고), 이집트·알제리·타지키스탄(에서 국가에 맞서 격렬한 무장 투쟁을 벌였으며), 아프가니스탄(에서는 친소(親蘇) 정부가 붕괴한 뒤 서로 경쟁하는 이슬람주의 운동들의 내전에서 탈레반이 승자로 떠올랐고), 점령지 요르단 강 서안 지방(에서는 팔레스타인인들의 저항에서 전투적 이슬람주의 운동이 팔레스타인해방기구(PLO)의 헤게모니에 도전했으며), 파키스탄(에서 주요 야당 세력으로 등장했고), 터키(에서 복지당이 이스탄불·앙카라 등 많은 지방자치단체를 장악했다)에서 주요 세력이 됐다.

이런 운동들의 성장을 보며 자유주의 지식인들은 엄청난 충격을 받았고, 1950년대와 1960년대 식민지 민족해방 투쟁의 승리 이후 '현대화'가 진전되면 더 계몽되고 덜 억압적인 사회가 건설될 것이라고 믿은 많은 사람들은 정신적 공황 상태에 빠졌다.[1]

오히려 그들이 목격한 것은 여성들에게 푸르다*를 강요하고 테러를 이용해 사상의 자유를 짓밟고 계율을 어긴 사람들에게 가장 야만적인 형벌을 가하는 세력들의 성장이었다. 지금 이집트와 알제리 같은 나라의 자유주의자들은 한때 자신들을 탄압하고 투옥한 국가가 이슬람주의 정당들을 상대로 벌이는 전투에서 국가를 편들고 있다.

그러나 이슬람주의의 성장 때문에 혼란에 빠진 것은 자유주의자들만이 아니었다. 좌파도 그랬다. 좌파는 반(反)계몽주의적 교의처럼 보인 것 — 전통적으로 반동적이던 세력의 후원을 받으며 일부 최빈곤층 사이에서도 성공을 거둔 — 에 어떻게 대응해야 할지 몰랐다. 그래서 두 가지 상반된 태도가 나타났다.

첫째는 이슬람주의를 반동의 화신, 일종의 파시즘으로 보는 태도였다. 예컨대, 이란 혁명 직후 좌파 학자 프레드 핼리데이가 그런 태도를 취했다. 그는 이란 정권을 일컬어 "파시스트의 얼

---

* purdah: 장막이나 베일이라는 뜻으로, 외부인들이 여성의 신체나 거처를 볼 수 없도록 가리는 제도.

굴을 한 이슬람"이라고 말했다.[2] 1981~82년에 호메이니 정권의 기반이 공고해진 뒤에 많은 이란 좌파도 그런 태도를 취했다. 그리고 오늘날 이집트와 알제리의 좌파도 대부분 그런 태도를 취하고 있다. 그래서, 예컨대, 알제리의 어떤 혁명적 마르크스주의 조직은 이슬람구국전선(FIS)의 원칙과 이데올로기, 정치적 행동이 "프랑스의 국민전선(FN)과 비슷하다"며 FIS를 "파시스트 경향"이라고 주장했다.[3]

그런 분석에서 쉽게 끌어낼 수 있는 실천적 결론은, 어떤 대가를 치르더라도 파시스트들을 저지하기 위한 정치적 동맹을 건설해야 한다는 것이다. 그래서 핼리데이는 이란 좌파가 1979~81년에 "호메이니의 반동적 사상과 정책"에 맞서 "자유주의 부르주아지"와 동맹하지 못한 오류를 범했다고 주장했다.[4] 오늘날 이집트에서는 주류 공산주의 전통의 영향을 받은 좌파가 국가와 이슬람주의자들의 전투에서 사실상 국가를 지지하고 있다.

이와 반대되는 태도는 이슬람주의 운동을 피억압자들의 '진보적'·'반제국주의적' 운동이라고 보는 것이다. 1979년 혁명 초기 국면에서 이란 좌파 대다수가 이런 태도를 취했다. 당시 소련의 영향을 받던 투데당, 게릴라 조직 페다인의 대다수, 그리고 좌파 이슬람주의 세력인 인민 무자헤딘 모두 호메이니 세력을 '진보적 프티부르주아지'라고 봤다. 이런 태도의 결론은 호메이니를 거의 무비판적으로 지지해야 한다는 것이었다.[5] 그보다 25년 전에 이집트의 공산주의자들은 잠시 무슬림형제단에 대해 똑같은 태도를 취하면서 "나세르의 '파시스트 독재'와 그의 '영-미 후원자들'에 맞서는 공동 투쟁"에 동참하라고 무슬림형제단에 호소했다.[6]

내가 주장하고 싶은 것은 두 가지 태도 모두 틀렸다는 것이다. 그런 태도들은 현대 이슬람주의의 계급적 성격이나 이슬람주의와 자본·국가·제국주의의 관계를 파악하지 못한다.

이슬람, 종교, 이데올로기

그런 혼란은 흔히 종교 자체의 힘을 제대로 이해하지 못하는 데서 비롯한다. 종교인들은 좋든 나쁘든 종교를 하나의 역사적 힘으로 이해한다. 대다수 반성직주의(反聖職主義)* 부르주아 사상가들이나 자유 사상가들도 그렇게 생각한다. 그들은 종교 제도나 반계몽주의 사상에 맞서 싸우는 것 자체가 인간 해방을 위한 투쟁이라고 생각한다.

그러나 종교 제도와 사상이 역사에서 일정한 구실을 하는 것

---

* 성직자들이 정치·사회 문제에 영향력을 행사하거나 교리주의를 내세워 특권과 부를 누리는 데 반대하는 주장.

은 분명하지만, 물질적 현실과 동떨어져서 그런 구실을 하는 것은 아니다. 종교 제도는 성직자나 설교자 집단과 함께 특정 사회에서 출현하고 그 사회와 상호작용한다. 그들은 사회가 변화할 때 자신들의 지지 기반도 바꿀 수 있어야만 계속 살아남을 수 있다. 그래서 예컨대 세계의 주요 종교 가운데 하나인 로마 가톨릭 교회는 고대 세계 말기에 출현해서 먼저 봉건제 사회에 적응함으로써 1000년 동안 살아남았고 그 뒤에는 봉건제를 대체한 자본주의 사회에 적응하기 위해 엄청난 노력을 했으며 그 과정에서 교의 내용의 많은 부분을 바꿔야 했다. 사람들은 항상 자신이 처한 물질적 상황, 다른 사람들과의 관계, 이해관계의 충돌 등에 따라 종교 사상을 저마다 다르게 해석할 수 있다. 거대한 사회적 충돌이 벌어질 때 거의 똑같은 종교 신앙을 가진 사람들이 서로 정반대 편에 선 역사적 사례들은 수없이 많다. 16세기와 17세기에 봉건제가 심각한 위기를 겪고 있을 때 유럽을 휩쓴 사회적 격변기에 그런 일이 일어났다. 당시 루터·칼뱅·뮌처 등 많은 '종교' 지도자들은 성경 구절을 재해석해 자기 추종자들에게 새로운 세계관을 제시했다.

이런 점에서 이슬람은 여느 종교와 전혀 다르지 않다. 이슬람은 7세기에 주로 부족 단위로 조직된 사회이던 아라비아 도시들의 상업 공동체에서 출현했다. 이슬람은 그 교의들을 받아들인 사람들 가운데 일부가 잇따라 개척한 거대 제국들 안에서 크게 융성했다. 오늘날 이슬람은 많은 반정부 운동들을 고무하는 사상일 뿐 아니라 수많은 자본주의 국가들(사우디아라비아·수단·파키스탄·이란 등)의 공식 이데올로기로도 존속하고 있다.

이슬람이 그렇게 서로 다른 사회들에서 살아남을 수 있었던 것은 서로 다른 계급 이익에 적응할 수 있었기 때문이다. 이슬람은 아라비아의 상인들, 거대 제국의 관료들·지주들·상인들, 그리고 현대 자본주의의 자본가들한테서 재정 지원을 받아 사원들을 건설하고 설교자들을 고용했다. 그러나, 그와 동시에, 빈민과 피억압자들에게 위안을 주는 메시지를 제시함으로써 대중의 지지를 확보하기도 했다. 이슬람의 메시지는 항상 피억압자들을 어느 정도 보호해 주겠다는 약속과 착취 계급들을 혁명적 전복으로부터 보호하는 것 사이에서 균형을 유지해 왔다.

그래서 이슬람은 부자들이 빈민 구제를 위해 2.5퍼센트의 자선세(자카트)를 내야 하고, 지배자들은 정당한 방식으로 통치해야 하며, 남편은 아내를 부당하게 대우해서는 안 된다고 강조한다. 그러나 빈민이 부자의 재산을 무단으로 사용하는 것을 절도죄로 취급하고, '정당한' 정부에 불복종하는 것은 온갖 법률로 처벌해야 할 범죄라고 주장하며, 결혼과 상속, 이혼 시 자녀 양육 등의 문제에서 여성보다 남성에게 더 많은 권리를 주기도 한다. 이슬람은 억압을 규제하고 부자와 빈민에게 똑같이 호소함으로

써 훨씬 더 가혹한 억압뿐 아니라 혁명도 예방하는 방파제 구실을 한다. 기독교·힌두교·불교와 마찬가지로 이슬람도 무정한 세계의 감정이고 사람들의 아편이다.

그러나 어떤 사상도 모호함으로 가득 차 있지 않다면 서로 다른 계급들에게 그토록 강력한 호소력을 가질 수 없다. 특히 사회적 격변으로 사회가 흔들릴 때는 더욱 그렇다. 그런 사상은 서로 다른 해석이 가능해야 한다. 비록 그 때문에 그 사상의 지지자들이 자기들끼리 서로 싸우다가 자멸할지라도 말이다.

이 점은 이슬람도 마찬가지였다. 사실상 이슬람이 처음 창시될 때부터 그랬다. 이슬람이 메카를 정복한 지 겨우 2년 뒤인 632년에 무함마드가 죽자, 최초의 칼리프(무함마드의 후계자로서 이슬람의 지도자)였던 아부 바크르 추종자들과 예언자의 딸 파티마의 남편인 알리 추종자들이 서로 충돌했다. 그 충돌은 점차 격화해서 낙타 전투에서는 무슬림 군대끼리 서로 싸우다가 1만 명이 사망하는 지경에 이르렀다. 이슬람 수니파와 시아파의 분열은 바로 이런 충돌에서 비롯했다. 그러나 이것은 최초의 분열이었을 뿐 그 뒤로도 수많은 분열이 계속됐다. 신을 모독하는 자들의 수중에서 피억압자들이 고통받고 있다고 주장하며 예언자 시절의 '순수한' 초기 이슬람으로 돌아가자고 요구하는 집단들이 거듭거듭 나타났다. 아크바르 S 아흐메드가 말했듯이,

> 이슬람의 역사 내내, 이상을 향해 나아가자고 설교하는 무슬림 지도자들이 끊이지 않았다. … 그들은 흔히 모호한 민족·사회·정치 운동들을 대변했다. … 시아파와 시아파에서 갈라져 나온 이스마일파, 그보다 더 일시적인 운동들까지 이슬람 사상의 온갖 분파들이 출현할 수 있는 토대가 놓였다. … 무슬림의 역사는 기성 권위에 도전하다가 흔히 목숨을 잃은 마흐디[구세주]들로 가득 차 있다. … 지도자들은 흔히 가난한 농민들이거나 박탈당한 민족 집단 출신들이었다. 그들은 이슬람의 어구들을 사용해 박탈감을 심화시키고 운동을 강화할 수 있었다.[7]

그러나 심지어 주류 이슬람조차, 적어도 그 대중적 형태에서는, 동질적 신앙 체계가 아니었다. 아프리카 북서부의 대서양 연안에서 벵골 만에 이르는 지역 전체로 이슬람이 확산되는 과정에서 이슬람 사회로 통합된 사람들은 자신들의 낡은 종교적 관행들을 이슬람에 맞게 조화시켰다. 비록 그런 관행들이 이슬람의 원래 교의와 충돌할지라도 그렇게 했다. 그래서 통속적 이슬람은 흔히 현지 성인이나 성물(聖物) 숭배 관행이 정통 이슬람 — 그런 것들을 신성 모독의 우상 숭배라고 여기는 — 에 어긋날지라도 그런 관행들을 받아들인다. 그리고 수피 성직자들이 주류 이슬람의 공식적 경쟁 상대는 아니지만 그들은 많은 원리주의자들이 못마땅하게 여기는 신비하고 마술적인 경험을 강조하면

서도 번성하고 있다.[8]

그런 상황에서 예언자 시절의 관행으로 돌아가자는 호소는 과거를 고수하자는 것이 아니라 뭔가 새로운 것에 맞게 사람들의 행동을 바꾸자는 것을 뜻한다.

지난 세기의 이슬람 부흥주의도 마찬가지였다. 그것은 자본주의 유럽이 아시아와 북아프리카를 물질적으로 정복하고 문화적으로 변모시킨 것을 수용하려는 노력에서 시작됐다. 그런 정복과 변모가 가능했던 이유는 중세의 대제국들이 세계적으로 확장되는 과정에서 원래의 이슬람 가치들이 타락했기 때문이라고 이슬람 부흥주의자들은 주장했다. 따라서 최초의 네 칼리프(시아파의 경우 알리)로 대변되는 원래의 이슬람 정신을 부활시켜야만 이슬람 사회 재건이 가능하다는 것이었다. 이런 정신을 바탕으로 예컨대 호메이니는 지난 1300년의 이슬람 역사 전체를 비난할 수 있었다.

> 불행히도 진정한 이슬람은 창시 직후 짧은 기간에만 존속했다. 먼저 우마이야 왕조[알리 이후 최초의 아랍 왕조 — 지은이]와 그 뒤 압바스 왕조[750년에 우마이야 왕조를 정복한 왕조 — 지은이]가 이슬람에 온갖 해악을 끼쳤다. 나중에 이란을 지배한 왕조들도 똑같은 길을 걸었다. 그들은 이슬람을 완전히 왜곡했고 그 대신 사뭇 다른 뭔가를 만들어 놨다.[9]

그래서 이슬람주의의 옹호자들과 반대자들 모두 이슬람주의가 현대 세계를 거부하는 전통주의적 교의라고 주장할 수 있지만, 실상은 그보다 훨씬 더 복잡하다. 신화적 과거를 재현하려는 염원은 기존 사회의 유지가 아니라 개조와 관계가 있다. 더욱이 그런 개조의 목표가 7세기 이슬람을 그대로 복사하는 것이 될 수는 없다. 왜냐하면 이슬람주의자들이 기존 사회의 특징을 모두 거부하는 것은 아니기 때문이다. 대체로 그들은 현대 산업과 현대 기술, 그리고 그런 산업과 기술의 토대인 과학을 받아들인다. 사실, 그들은 기독교보다 더 합리적이고 덜 미신적인 교의인 이슬람이 현대 과학에 더 적합하다고 주장한다. 그래서 '부흥주의자들'은 전에 존재하지 않았던 뭔가를 만들어 내려고 노력하고 있다. 고대적 전통과 현대적 사회 생활 양식들을 결합하려 하는 것이다.

이것이 뜻하는 바는 이슬람주의자들을 모두 '반동적'이라고 말한다거나 '이슬람 원리주의' 전체를 미국 공화당 우파의 보루인 기독교 근본주의와 같은 부류로 여기는 것은 틀렸다는 것이다. 호메이니, 아프가니스탄의 서로 싸우는 무자헤딘 집단 우두머리들, 알제리 FIS 지도자들 같은 인물들이 전통주의적 주제들을 이용하고 사라져 가는 사회 집단들의 향수를 자극할 수 있지만, 그들은 또 자본주의가 변모시킨 사회에서 생겨나는 급진적 경향들에 호소할 수도 있다. 올리비에 로이는 아프가니스탄의 이슬람주의자들에 대해 이렇게 주장했다.

원리주의는 [전통주의와 — 지은이] 사뭇 다르다. 왜냐하면 원리주의에서 가장 중요한 것은 경전으로 돌아가서 전통의 혼란을 제거하는 것이기 때문이다. 그것은 항상 옛 국가로의 복귀를 추구한다. 그것의 특징은 경전을 다시 읽고 그 기원을 탐색하려는 실천이다. 원리주의의 적은 현대성이 아니라 전통, 더 정확히 말하면 이슬람의 맥락에서 예언자의 전통이 아닌 모든 전통이다. 이것이 진정한 개혁이다. … [10]

전통주의적 이슬람은 자본주의 발전 때문에 무너지고 있는 사회 질서의 영속을 추구하는 이데올로기다. 또는, 사우디아라비아 왕가가 장려하는 것처럼, 옛 지배계급이 현대적 자본가들로 변모한 사실을 감추기 위해 그런 사회 질서로의 복귀를 주창하는 이데올로기다. 반면에, 이슬람주의는 일부 똑같은 주제들에 호소하기는 하지만 낡은 방식으로 사회를 유지하는 것이 아니라 사회 변화를 추구하는 이데올로기다. 이런 이유 때문에 '원리주의'라는 용어 자체도 별로 적절하지 않다. 아브라하미안이 지적했듯이,

'원리주의'라는 딱지는 종교적 경직성, 지적 순수성, 정치적 전통주의, 심지어 사회적 보수주의와 교조적 경전 해석 원칙 등을 함축한다. '원리주의'는 현대 세계를 거부한다는 뜻이다.[11]

그러나 이란의 호메이니 같은 사람들이 추구하는 운동들은 "기성 질서에 대한 정치적 항의, 현상 유지에 대한 대중의 반감을 부추기는 사회적·경제적 쟁점들에 대한 이데올로기적 융통성과 지적 유연성"을 바탕으로 하고 있다.[12]

하지만 이슬람주의와 전통주의의 차이를 분간하기는 쉽지 않다. 사회 재건이라는 개념이 종교적 언어로 포장돼 있다는 바로 그 이유 때문에 서로 다른 해석이 가능한 것이다. 그것은 '문화적 제국주의'에 의해 '이슬람이 타락'하기 전의 행동 양식들로 복귀하는 것을 통해 '타락한 관행들'을 종식시키자는 것만을 뜻할 수 있다. 이것은 여성의 '얌전함'과 베일 착용, 학교와 작업장에서 남녀의 '난잡한' 어울림 금지, 서양 팝 음악 반대 등을 강조하는 결과를 낳는다. 그래서 알제리 FIS의 가장 인기 있는 지도자 중 한 명인 알리 벨하지는 무슬림들에 대한 '폭력' — '문화적 침입'에서 비롯한 — 을 비난했다.

> 우리 무슬림들은 물리적 폭력이 우리가 겪은 가장 심각한 폭력이라고 생각하지 않는다. 물리적 폭력은 각오하고 있기 때문이다. … 가장 심각한 폭력은 샤리아[이슬람 율법] 대신 악마의 법률을 강요하며 무슬림 공동체에 도전하는 것이다. …
> 알라께서 금지하신 것을 부추기는 것보다 더 나쁜 폭력이 있을까? 그들은 악마의 작품인 술 만드는 기업을 설립하고 경찰은

그런 기업들을 비호한다. …

어떤 여성이 공공장소에서 만인이 보는 앞에서 스카프를 불태우고, 가족법이 여성들을 처벌한다고 비난하며, 남녀 동성애자들과 성전환자들에게 지지를 호소하는 행위보다 더 큰 폭력을 생각할 수 있을까? …

여성이 집 안에서 순결하고 정숙하고 겸손한 분위기에서 지낼 것과 꼭 필요하다고 법으로 정한 경우에만 외출을 허용할 것을 요구하는 것, … 남녀 학생들을 격리할 것과 성폭력을 유발하는 고약한 남녀 공용을 없앨 것을 요구하는 것은 폭력이 아니다. …[13]

그러나 재건은 제국주의의 정치적 지배와 국가에 대한 도전을 뜻할 수도 있다. 그래서 이란의 이슬람주의자들은 아시아 최대의 미국 '라디오 방송'국을 폐쇄하고 이란 주재 미국 대사관을 점거했다. 레바논 남부의 헤즈볼라나 요르단 강 서안 지방과 가자 지구의 하마스는 이스라엘에 맞선 무장 투쟁에서 핵심 구실을 해 왔다. 알제리의 FIS는 미국의 이라크 전쟁[1991년 걸프전]에 반대하는 대규모 시위들을 조직했다. 이 때문에 사우디아라비아의 재정 지원을 잃게 됐는데도 그렇게 했다. 어떤 경우에는 재건이 심지어 노동자·농민을 착취하는 것에 반대하는 물질적 투쟁에 대한 지지를 뜻할 수도 있다. 이란의 무자헤딘이 1979~82년에 그랬듯이 말이다.

재건에 대한 서로 다른 해석들은 자연히 서로 다른 사회 계급 출신 사람들에게 호소하기 마련이다. 그러나 종교적 언어 때문에 그들은 상호 간의 차이를 깨닫지 못할 수 있다. 투쟁이 한창일 때 개인들은 그 의미를 혼동할 수 있고, 그래서 여성의 베일 벗는 것에 반대하는 투쟁을 서방의 석유 회사들과 대중의 끔찍한 빈곤에 반대하는 투쟁으로 여길 수 있다. 그래서 1980년대 말에 알제리의 벨하지는

> … 잃을 것이 전혀 없는 사람들을 대변했다. … 이슬람을 경전에 나오는 가장 순수한 형태대로 인식한 그는 이슬람 율법을 가장 엄격하게 적용해야 한다고 설교했다. … 매주 금요일에 벨하지는 세계 전체와 전쟁을 벌였다. 유대인들, 기독교인들, 시온주의자들, 공산주의자들, 세속주의자들, 자유주의자들, 불가지론자들, 동서방의 각국 정부들, 국가의 아랍인 또는 무슬림 지도자들, 서방화한 정당 지도자들과 지식인들이 매주 그의 설교에 등장하는 단골 표적이었다.[14]

그러나 이런 사상적 혼란의 이면에는 진정한 계급 이익이 작용하고 있었다.

이슬람주의의 계급적 기반

이슬람주의는 자본주의의 충격 — 처음에는 제국주의 외세의 점령이라는 형태로, 나중에는 현지 자본가 계급의 성장과 독자적 자본주의 국가의 형성을 수반하는 내부 사회관계의 변화라는 형태로 — 에 상처받은 사회에서 등장했다.

낡은 사회 계급들이 새로운 사회 계급들로 대체됐다. 즉시 또는 아주 분명하게 대체된 것은 아니었지만 말이다. 트로츠키가 '불균등 결합 발전'이라고 묘사한 일이 일어났다. 외부적으로는 식민주의가 후퇴했지만, 거대 제국주의 열강들 — 특히 미국 — 이 계속 군사력을 협상 도구로 이용해 중동의 유일한 주요 자원, 즉 석유의 생산에 영향을 미쳤다. 내부적으로는 국가의 지원 — 과 흔히 소유 — 덕분에 일부 대규모 현대 산업이 발전했지만, '전통적' 산업의 주요 부문들도 여전히 남아 있었다. 그런 산업들은 대부분 소규모 작업장들 — 소유주가 노동자 두세 명과 함께 일하거나 흔히 자기 가족과 함께 일하는 — 에 바탕을 두고 있었다. 토지 개혁 덕분에 일부 농민들은 현대적인 자본가적 농부들로 변모했지만, 더 많은 농민들은 토지를 거의 또는 전혀 받지 못했기 때문에 마구잡이로 늘어나는 도시 슬럼가의 시장이나 작업장에서 임시직 노동으로 겨우 입에 풀칠이나 하며 살아야 했다. 교육 제도의 대규모 확장으로 수많은 고등학생과 대학생이 쏟아져 나왔지만, 그들은 현대적 경제 부문에서는 취업 기회를 충분히 찾을 수 없어서 국가 관료로 출세하는 데 희망을 걸고 비공식 부문 언저리에서 아르바이트 — 상점 주인들에게 물건을 거의 강매하는 일, 관광 가이드, 복권 판매, 택시 운전 등등 — 를 하며 근근히 먹고살아야 했다.

지난 20년 동안 세계 경제의 위기 때문에 이 모든 모순들이 더욱 심화했다. 현대 산업들은 국민 경제가 너무 작아서 효율적 영업 활동을 할 수 없었고 세계 시장에서는 너무 경쟁이 치열해서 국가의 보호 없이는 살아남을 수 없었다. 전통 산업들은 대체로 국가의 지원이 없이는 현대화가 불가능했고 현대 산업을 대신해 도시 인구에게 일자리를 제공할 수도 없었다. 그러나 도시의 일부 부유층은 그럭저럭 국제 자본과의 연계망을 구축했고 점차 국가의 경제 개입에 불만을 품기 시작했다. 그들은 세계 시장에서 구할 수 있는 사치품들을 즐겼고, 이 때문에 임시직 노동자들과 실업자들의 분노의 대상이 됐다.

전통적 이슬람 사상을 존중하도록 교육받으며 성장한 사람들이 이런 모순들을 이해하려 한 것이 바로 이슬람주의다. 그러나 이슬람주의가 모든 사회 부문한테서 고르게 지지를 받는 것은 아니다. 일부 사회 부문들은 현대적인 세속적 부르주아 이데올로기나 민족주의 이데올로기를 받아들이는 반면, 다른 부문들은 모종의 세속적 노동계급 이데올로기에 끌린다. 이슬람의 부활은 서로 다른 네 집단의 지지를 받고 있다. 그리고 그들은 이슬람을 저마다 독자적으로 해석한다.

(1) 옛 착취자들의 이슬람주의: 사회의 자본주의적 현대화 과정에서 도태될까 봐 두려워하는 낡은 특권 계급들이 있다. 특히, 지주들(종교 재단 소유의 토지에서 얻는 소득에 의존하는 성직자들도 포함해서)과 전통적 상업 자본가들, 소규모 상점이나 작업장 소유주들이 대부분 그렇다. 흔히 모스크의 전통적 돈줄이었던 그들은 자신들의 기존 생활 방식을 지키는 길이 바로 이슬람이며 변화를 주도하는 사람들에게 자신들의 의견을 전달하는 통로 역시 이슬람이라고 생각한다. 그래서 이란과 알제리에서 1960년대와 1970년대에 국가의 토지 개혁에 반대하도록 성직자들에게 자원을 제공한 집단이 바로 그들이었다.

(2) 새로운 착취자들의 이슬람주의: 흔히 위의 첫 번째 집단에서 출현하는 일부 자본가들은 국가와 연계된 다른 자본가들의 적대감을 극복하고 성공을 거둔 자들이다. 예컨대, 오늘날 이집트의 무슬림형제단은 "이집트 사회 전체가 고삐 풀린 자본주의로 변모할 때 사다트 치하 이집트의 경제 구조 속으로 꾸준히 침투했다. 이집트판 록펠러라고 할 수 있는 우스만 아흐마드 우스만은 무슬림형제단을 지지한다고 공공연히 이야기했다."[15]

터키에서는 주요 보수 정당 출신 인사가 이끄는 복지당이 대다수 중소 자본가들의 지지를 받고 있다. 샤[이란 국왕의 칭호]에 반대해 호메이니를 지지한 이란의 시장 상인들 가운데 상당수는 국왕 주변 사람들에게 유리한 경제 정책들에 분개한 자본가들이었다.

⑶ 빈민들의 이슬람주의: 세 번째 집단은 자본주의적 농업 발전 때문에 고통을 겪고 입에 풀칠이라도 할 수 있는 일자리를 찾아 도시로 갈 수밖에 없는 농촌 빈민들이다. 그래서 알제리의 농촌 인구 820만 명 가운데 토지 개혁으로 조금이라도 이득을 본 사람은 겨우 200만 명뿐이었다. 나머지 600만 명은 농촌에서 점점 더 가난하게 살 것인가 아니면 도시로 가서 일자리를 구할 것인가 하는 선택에 직면하게 됐다.[16] 그러나 도시에서도 "농민 출신의 만성 실업자들은 최하층 집단을 이루고 있다. 그들은 일자리와 사회적 기회를 얻기 위해 농촌 사회를 떠나 도시로 몰려들었지만 도시 사회에 진정으로 통합되지 못하고 있다."[17]

그들은 과거의 생활 방식 — 전통적 무슬림 문화와 동일시한 — 에 대한 확신을 잃어버린 반면, 안정된 물질적 생계 수단이나 안정적 생활 방식도 찾지 못했다. "이제 수많은 알제리인들에게 명확한 행동 지침이나 신념 체계는 존재하지 않는다. 그들의 절대적 지지를 받지 못하는 전통과 특히 청년들의 심리적·정신적 욕구를 충족시켜 줄 수 없는 현대성 사이에서 그들은 오락가락 한다."[18]

그런 상황에서는 옛 지주들을 대신해 토지 개혁에 반대한 이슬람주의자들의 선동조차도 1970년대 농민들과 농민 출신 대중에게 호소력이 있었다. 왜냐하면 토지 개혁이야말로 농촌의 안정된 생활 방식을 파괴하고 빈곤을 심화시킨 변화의 상징이었기 때문이다. "이슬람주의자들은 토지 소유자들과 무토지 농민들에게 똑같은 전망을 제시했다. 즉, 코란은 다른 사람의 소유를 빼앗는 것을 비난했으며, 부자들과 순나*에 따라 통치하는 자들에게 남에게 관대할 것을 권고했다는 것이다."[19]

경제 위기 때문에 국가와 경제를 운영하는 엘리트 — 인구의 약 1퍼센트 — 와 대중의 빈부 격차가 심화한 1980년대 내내 이슬람주의의 호소력은 증대했다. 엘리트들의 재산과 서구적 생활 방식은 프랑스에 맞선 해방 투쟁의 후계자를 자처하는 그들의 주장과 들어맞지 않는 것이었다. 농민들이 이 '이슬람답지 않은' 엘리트들의 행동 때문에 자신들이 불행해졌다고 생각한 것도 당연했다.

이란도 마찬가지였다. 1960년대 샤의 토지 개혁으로 구체화한 농업의 자본주의적 변모에서 이득을 본 것은 극소수의 농민들이었을 뿐, 나머지 대다수 농민들의 삶은 더 나아지지도 않았고 경우에 따라서는 더 악화됐다. 그 때문에 국가에 대한 농민들과 도시 빈민의 적대감 — 토지 개혁에 반대했던 이슬람주의

---

* 아랍어로 '관습'이라는 뜻으로, 이슬람 공동체의 전통적인 사회적·법률적 관습.

세력에게 전혀 해롭지 않았던 적대감 — 은 더욱 커졌다. 그래서 예컨대 1962년에 샤가 국가 권력을 이용해 이슬람주의 세력을 탄압하자 그들은 대다수 민중의 불만을 모으는 초점 구실을 하게 됐다.

이집트는 1970년대 중반 이후 세계은행·국제통화기금(IMF)과 체결한 협정들을 통해 세계 시장에 경제를 '개방'함으로써 농민이나 농민 출신 대중의 상황은 훨씬 더 악화됐고 이 때문에 엄청난 불만이 형성됐다. 그리고 아프가니스탄에서는 1978년 인민민주당(PDPA: 공산당)의 쿠데타 이후 강요된 토지 개혁 때문에 농촌의 모든 계층이 일련의 자생적 항쟁을 벌이기 시작했다.

> 개혁은 공통의 이익을 바탕으로 하는 전통적 노동 방식을 폐지했을 뿐 어떤 대안도 내놓지 않았다. 토지를 빼앗긴 지주들은 소작인들에게 종자를 나눠 주지 않았고, 전에는 기꺼이 돈을 빌려 줬던 사람들도 이제는 빌려 주지 않았다. 농업 개발 은행을 개설하고 종자와 사료 배급을 감독할 관청을 설립하려는 계획들이 있었지만, 실제로 개혁이 실시됐을 때는 그 어느 것도 실현되지 않았다. … 그래서 개혁 선포 자체가 농민들로 하여금 종자를 구할 수 없게 만들어 버렸다. … 개혁은 경제 구조뿐 아니라 생산의 사회적 틀 전체도 파괴해 버렸다. … 따라서 이런 개혁으로 인해 98퍼센트의 민중과 2퍼센트의 착취 계급이 서로 싸우

기는커녕 75퍼센트의 농촌 지역에서 반란이 일어난 것도 놀라운 일은 아니다. [그리고 — 지은이] 새로운 제도의 원활한 시행이 불가능하다는 것이 드러나자, 처음에는 개혁을 환영했던 농민들 [조차 — 지은이] 옛 제도를 되살리는 것이 더 낫겠다고 생각하기 시작했다.[20]

그러나 농민 출신 대중이 이슬람주의자들의 메시지를 받아들이게 된 것은 국가에 대한 적대감 때문만은 아니다. 이슬람 사원들은 새롭고 낯선 도시에서 길을 잃고 방황하는 사람들에게 사회적 구심점을 제공하고, 이슬람 자선단체들은 국가가 제공하지 않는 초보적 복지 서비스(병원, 학교 등)를 제공한다. 그래서 1970년대와 1980년대에 알제리에서는 도시들이 성장함과 동시에 사원들의 수도 크게 늘어났다. "교육과 아랍화의 마비, 문화와 여가 시설의 부재, 공적 자유 공간의 부족, 주택 부족 등 때문에 어른들, 청년들, 아이들 수천 명이 사원들로 몰려들면서 온갖 일이 벌어졌다."[21]

이런 식으로, 대중과 정반대의 이해관계를 가진 사람들 — 옛 지주 계급, 신흥 부유층, 사우디아라비아 정부 — 의 돈이 빈민들을 위한 물질적·문화적 피난처를 제공하는 데 쓰일 수 있었다. "사원에서 모든 사람들 — 신·구 부르주아, 원리주의자, 기업의 노동자 — 은 자신의 전략, 꿈과 희망을 정교하게 다듬거나 실현할 수 있는 가능성을 찾았다."[22]

그렇다고 해서 사원 내부에서 계급 분열이 사라진 것은 아니었다. 예컨대, 알제리의 사원 위원회에서는 서로 다른 사회적 배경 때문에 사원 건축을 서로 다르게 이해한 사람들 사이에 수많은 다툼 — 예컨대, 죄지은 자들이 사원 건축 헌금을 냈을 때 그런 헌금을 받아야 하느냐 마느냐를 둘러싼 다툼 — 이 있었다. "무에진*들이 끊임없이 외치는 대동단결의 교의가 권장하는 합의와 조화의 정신에 따라 종교 위원회가 그 소임 — 원칙적으로는 2년간으로 고정된 — 을 다하는 경우는 사실상 드문 일이다."[23] 그러나 그런 다툼은 종교적 외피로 여전히 가려져 있다 — 그리고 이슬람 사원의 확산과 이슬람주의의 영향력 증대를 방해하지도 않았다.

⑷ 신(新)중간계급의 이슬람주의: 그러나 부흥주의적·정치적 이슬람을 지탱하는 결정적 요소 — 그 교의를 전파하고 그 적들과의 대결에서 부상·투옥·죽음의 위험을 무릅쓰는 핵심 활동가들 — 는 '전통적' 착취 계급들도 아니고 가난한 대중도 아니다.

전통적 착취 계급들은 본래 보수적 세력이다. 그들은 — 특히 자신의 물질적 이익을 지키기 위해 — 남들이 싸움에 나설 수 있도록 돈을 낼 각오가 돼 있다. 그들은 1970년대 초 알제리

---

* 기도 시간을 알리는 이슬람 사원의 직원.

에서 토지 개혁이 실시됐을 때, 1980년 봄 시리아의 바트당 정권이 도시 상인들의 이익을 침해했을 때,[24] 그리고 이란에서 바자[시장]의 상인들과 기업인들이 1976~78년 샤의 공격을 받고 있다고 느꼈을 때와 1979~81년 좌파로부터 위협을 느꼈을 때 그렇게 했다. 그러나 그들은 자신의 생명은 말할 것도 없고 자신의 사업을 위험에 빠뜨리지 않도록 조심한다. 그래서 그들은 알제리와 이집트 같은 사회들을 해체하고, 시리아에서 하마 시 전체가 반란을 일으키게 만들고, 레바논에서 미군과 이스라엘군을 상대로 자살 폭탄 공격을 감행하고, 이란 혁명을 이란 부르주아지 전체가 생각했던 것보다 훨씬 더 급진적인 방향으로 이끄는 세력이 결코 될 수 없었다.

사실, 그런 세력은 [전통적 착취 계급들과] 사뭇 다른 네 번째 계층 — 제3세계 전역에서 자본주의적 현대화 때문에 등장한 신중간계급 부문 — 출신이다.

이란에서 혁명 첫해의 정치를 지배한 세 이슬람주의 운동의 간부들은 모두 그런 출신 배경을 갖고 있었다. 그래서 어떤 사람은 혁명 후 들어선 정권의 첫 총리인 바자르간이 지지를 얻은 것을 이렇게 설명한다.

> 1950년대와 1960년대에 이란의 교육 제도가 확대되자, 훨씬 더 광범한 중간계급 사람들이 대학교에 진학할 수 있었다. 나이 많

고 서구화한 엘리트들이 지배하는 제도들에 직면한 이 새내기들은 이슬람을 고수하는 것을 정당화할 절실한 필요를 느꼈다. 그들은 무슬림학생회[바자르간 등이 이끄는 — 지은이]에 가입했다가 … 전문직으로 진출했고, 새내기 공대생들은 흔히 이슬람공학도협회 — 역시 바자르간이 설립한 — 에 가입했다. 이슬람공학도협회의 네트워크야말로 바자르간과 이슬람의 현대성을 지지하는 진정한 조직적 기반이었다. … 바자르간과 탈레카니의 호소력은 전통적 중간계급 성원들에게 자긍심을 제공해 그들이 자신들의 정체성을 확인할 수 있게 해 주는 것[에 달려 있었다 — 지은이]. 그들이 보기에 신앙심도 없고 서구화되고 부패한 엘리트가 정치적으로 지배하는 사회에서 말이다.[25]

이란의 두 번째 이슬람주의 세력, 인민 무자헤딘에 대한 글에서 아브라하미안은 이란 혁명의 첫해를 연구한 많은 사람들이 '피억압자들'에 대한 급진 이슬람의 호소력에 대해 이야기하지만, 무자헤딘의 기반은 피억압자 일반이 아니었다고 지적한다. 무자헤딘의 기반은 신중간계급이었고 그들의 부모는 전통적인 프티부르주아지였다. 아브라하미안은 샤 치하에서 구속되고 호메이니 치하에서 억압당한 무자헤딘의 직업을 근거로 그렇게 주장했다.[26]

세 번째 이슬람주의 세력, 즉 마침내 승리한 호메이니의 이슬람공화당을 주도한 집단이 전통적 시장 상인 자본가들과 연계된 성직자들이라고 흔히들 생각하지만, 모아델은 [이슬람공화당 소속] 국회의원의 절반 이상이 전문직·교사·공무원·학생 출신이었음 — 비록 4분의 1은 시장 상인 가문 출신이었지만 — 을 보여 줬다.[27] 그리고 바야트는 [호메이니] 정권이 공장의 노동자 조직들을 분쇄하기 위한 투쟁에서 해당 공장의 전문직 엔지니어들에 의존할 수 있었다고 지적했다.[28]

아자르 타바리는 샤의 몰락 이후 이란의 여러 도시에서 수많은 여성들이 스스로 베일을 착용했고 호메이니 추종자들과 같은 편이 되어 좌파에 대항했다고 지적한다. 타바리는 이 여성들이 '사회적 통합' 과정을 경험한 1세대 중간계급 출신이었다고 주장한다. 흔히 전통적 프티부르주아 가족 출신인 그들은 — 그들의 아버지는 시장의 상인이나 장인 등이었다 — 더 많은 교육을 받지 않으면 안 됐다. 왜냐하면 그들의 가족이 돈을 벌 수 있는 전통적 기회들이 산업화로 인해 감소했기 때문이다. 그들이 교사나 간호사 같은 직업들을 구할 수는 있었다. 그러나 "이 여성들은 흔히 1세대가 겪는 고통스럽고 괴로운 조정 과정을 통과해야 했다."

> 그런 가문 출신의 젊은 여성들이 대학에 진학하거나 병원에서 일을 하기 시작하자, 이 모든 전통적 개념들은 '낯선' 환경 — 여

성이 남성과 함께 지내고, 베일을 착용하지 않고, 때로는 유럽의 최신 유행복을 입는 — 에서 날마다 비판의 대상이 됐다. 여성들은 흔히 기존의 가족 규범과 새로운 환경의 압력 사이에서 괴로워했다. 그들은 학교에서 베일을 착용할 수 없었지만 그렇다고 해서 베일을 벗은 채로 집을 나설 수도 없었다.

이 모순적 압력에 대한 광범한 대응 가운데 하나가 "일부러 베일을 두르고 대규모 시위에 참가한 여성 시위대로 상징되는", "이슬람으로의 후퇴"였다. 이런 대응 방식은 2세대 또는 3세대 중간계급 가문 출신 여성들의 태도 — 베일 착용을 거부하고 자신을 자유주의자나 좌파라고 생각하는 — 와 뚜렷한 차이가 있다.[29] 로이는 아프가니스탄의 상황을 이렇게 지적한다.

> 이슬람주의 운동은 사회의 현대적 부문에서 출현했고 그 전의 민중 운동들을 비판하면서 발전했다. … 이슬람주의자들은 지식인들이었고, 전통 사회 내부에서 고립된 현대성의 산물이었다. 그들의 사회적 기원은 우리가 국가 부르주아지라고 부르는 것이다. 즉, 정부 교육 제도의 산물로서 오로지 국가 기구에만 고용되는 사람들 말이다. … 이슬람주의자들은 국가 교육 제도의 산물이다. 그들 가운데 인문학을 전공한 사람은 극소수다. 대학 교정에서 그들은 주로 자신들이 격렬하게 반대하는 공산주의자

들과 어울리고, 울라마[종교학자들 — 지은이]에 대해서는 양면적 태도를 취한다. 그들이 울라마와 많은 신념을 공유하는 것은 사실이지만, 이슬람주의 사상은 위대한 서구 이데올로기들과 접촉하면서 발전해 왔다. 그들은 그것이 서구의 기술 발전을 도입하는 데서 핵심적 구실을 했다고 생각한다. 그들은 이슬람을 바탕으로 현대적 정치 이데올로기를 발전시키는 것이 자신들의 핵심적 과제라고 생각한다. 그들은 그것이 바로 현대 세계를 받아들이는 유일한 길이며 제국주의 외세와 대결하는 최상의 수단이라고 생각한다.[30]

알제리에서 FIS의 가장 중요한 충원 기반은 (프랑스어를 사용하는 것에 반대하며) 아랍어를 사용하는 고등학생이나 대학생, 그리고 대학에 가고 싶었지만 갈 수 없었던 수많은 청년들이었다.

FIS는 세 부류의 사람들로부터 조직원을 끌어모은다. 꽤 부유한 일부 상인들도 포함하는 상인 중간계급들, 고등 교육 기회에서 배제되거나 일자리를 찾지 못해 거리의 새로운 룸펜프롤레타리아가 된 청년 대중, 신분 상승을 추구하는 아랍어 사용자 지식인층. 이 마지막 두 집단이 FIS 내에서 숫자도 가장 많고 가장 중요하다.[31]

이슬람주의 지식인들은 대학교의 신학 학부와 아랍어 학부를 지배함으로써 자신들의 경력을 쌓고 이를 이용해 사원의 이맘이나 고등학교 교사 등 많은 직위를 통제한다. 그들은 그런 직위에 이슬람주의자들을 더 많이 채워 넣고 새 세대 학생들에게 이슬람주의 사상을 주입할 수 있는 네트워크를 형성한다. 이를 통해 수많은 청년들에게 영향력을 발휘할 수 있게 된다.

아흐메드 로우아디아는 이슬람주의 집단들이 1970년대 후반 이후 대학에서 아랍어 사용자 학생들의 지지를 받으며 성장하기 시작했다고 썼다. 그 학생들은 자신들이 프랑스어를 유창하게 하지 못하기 때문에 정부, 선진 기술 분야, 고위 경영진에서 일자리를 구할 수 없음을 깨달았다.[32] 그래서 예컨대 1980년대 중반에 콩스탕틴 대학교 총장 — "아랍어의 품위"를 떨어뜨리고 과학기술 학부의 유력 언어로 프랑스어를 계속 허용해 "프랑스 식민주의에서 벗어나지 못했다"고 비난받은 — 과 학생들이 격렬하게 충돌했다.[33]

> 자격을 취득한 아랍어 사용자들은 주요 분야에 진출할 수 없음을 깨닫는다. 특히, 기술 지식과 외국어가 필요한 산업들에 진출할 수 없다. … 아랍어 사용자들은 졸업장을 갖고 있어도 현대적 산업에서 일자리를 구할 수 없다. 그들 대다수는 결국 사원으로 향한다.[34]

대학을 갓 졸업한 아랍어 사용자들, 특히 학생 출신 실업자들은 대학 밖의 불만 가득한 수많은 청년들과의 연결 통로가 된다. 이 청년들은 시설도 형편없고 재정도 열악한 학교에서 몇 년씩 공부하고도 끝내 대학에 가지 못한다. 그래서 지금 중등학교 학생이 거의 100만 명이나 되지만, 그중 5분의 4는 바칼로레아 — 대학 입학 자격시험 — 를 통과하지 못하고 취업과 실업의 경계를 넘나들며 불안정한 생활을 하게 될 것이다.[35]

> 사회·경제 체제에서 배제된 수많은 청년들을 괴롭히는 사회적 좌절감 때문에 전통주의[이슬람주의 — 지은이]의 영향력이 증대하고 있다. 그 메시지는 간단하다. 빈곤·고통·좌절이 존재하는 이유는 권력자들이 쇼라*의 정통성이 아니라 무력을 바탕으로 권력을 휘두르기 때문이다. … 초기 이슬람으로 돌아가면 불평등은 사라질 것이다.[36]

그리고 학생, 졸업생, 지식인 실업자 등 광범한 계층에 대한 영향력을 이용해 이슬람주의는 농민 출신들이 거주하는 빈민가와 판자촌에서 이슬람주의 사상을 널리 선전할 수 있다. 그런 운동을 '보수적' 운동이라고 말할 수는 없다. 교육받은 아랍어

---

* 부족 시절 칼리프에게 조언하기 위한 협의체.

사용자 청년들이 이슬람에 의존하는 것은 현상 유지를 원해서가 아니라 이슬람이 강력한 사회 변화를 제공한다고 믿기 때문이다.[37]

이집트에서 이슬람주의 운동이 처음 발전한 것은 약 65년 전에 하산 알-반나가 무슬림형제단을 창설하면서였다. 무슬림형제단은 1930년대와 1940년대에 성장했다. 당시는 이집트의 세속적 민족주의 정당인 와프드당이 영국의 이집트 지배에 도전하지 못하는 것을 본 많은 사람들이 환멸을 느끼던 때였다. 무슬림형제단의 기반은 주로 공무원과 학생이었으며, 그들은 1940년대 말과 1950년대 초에 분출한 대학생 시위의 주요 세력 가운데 하나였다.[38] 그러나 일부 도시 노동자들과 농민들도 무슬림형제단에 가입했으며, 전체 조직원 수가 가장 많을 때는 50만 명에 달했다. 이집트의 이슬람주의 운동을 건설하는 과정에서 반나는 이집트 왕정 주변 인물들과도 기꺼이 협력했고, 와프드당의 우파는 노동자들과 학생들 사이에서 공산주의의 영향력이 증대하는 것에 맞서 무슬림형제단과 협력할 수 있다고 봤다.[39]

그러나 무슬림형제단이 가난한 중간계급들 — 과 그들을 통해 일부 도시 빈민 — 의 지지 획득을 둘러싸고 공산주의자들과 경쟁할 수 있었던 것은 우파 동맹자들의 예상을 뛰어넘는 개혁을 추구한다는 사실이 그들의 종교적 언어 때문에 감춰졌기 때문이다. 무슬림형제단의 목표는 "결국 지배 집단들이 추구하는 정치적·경제적·사회적 현상 유지와 양립할 수 없었다." 그 때문에 "무슬림형제단과 보수적 지배자들 사이의 연계는 늘 불안정하고 아슬아슬했다."[40]

1950년대 초에 압둘 나세르가 이끄는 군사 정권이 들어서서 모든 권력을 장악하자 무슬림형제단은 거의 괴멸했다. 그 지도자 여섯 명이 1954년 12월에 교수형 당했고 조직원 수천 명이 수용소에 수감됐다. 1960년대 중반에 운동을 재건하려는 노력이 있었지만 훨씬 더 가혹한 탄압을 받았다. 그러나 나세르가 죽은 뒤 그 후계자들인 사다트와 무바라크는 무슬림형제단이 정권과 정면 대결을 하지 않는다는 조건으로 반(半)합법적 존속을 허용해 줬다. 때때로 '신(新)이슬람형제단'으로 불렸던 당시 지도부는 그런 제약들을 기꺼이 받아들여 비교적 '온건하고 타협적인' 태도를 취했으며, 1950년대에 사우디아라비아로 추방됐다가 석유산업 호황으로 부자가 된 조직원들한테서 거액을 받았다.[41] 그 덕분에 무슬림형제단은 "은행, 사회복지 서비스, 교육 서비스, … 사원 등"을 거느린 "무슬림 국가라는 대안적 모델"을 제공할 수 있었다.[42]

그러나 그 과정에서 무슬림형제단은 새 세대 급진 이슬람주의자들 — 대학교와 가난한 '현대적' 중간계급 부문에서 등장한 — 에 대한 영향력도 상실하고 말았다. 이 새 세대 이슬람주의자들은 1981년에 사다트를 암살하고 그 이후 국가와 세속적 인텔리겐치아 둘 다에 대항하는 무장 투쟁을 전개했다.

> 우리가 말하는 이집트의 원리주의자들은 심지어 무슬림형제단에도 대항하는 극소수의 집단이다. … 이 집단은 주로 청년들로 이뤄져 있다. … 그들은 매우 순수한 사람들이고, 자신의 목숨을 바쳐 무슨 일이든 할 각오가 돼 있다. … 그리고 그들은 테러 공격을 감행할 수 있기 때문에 서로 다른 운동들의 선봉대로 이용된다.[43]

사다트 집권 시절 이집트의 여러 대학에서 유력한 세력으로 등장한 이슬람주의 학생 단체들은 "이슬람주의 운동의 진정한 대중 조직들"이었다.[44] 그들은 대학의 상황과 졸업생들이 직면하는 암울한 전망에 반발하며 성장했다.

> 1970년에 20만 명에 약간 못 미쳤던 대학생 수는 1977년에 50만 명 이상으로 늘어났다. … 필수 자원들이 없는 상황에서, 최대한 많은 시골 청년들에게 무상 고등 교육을 제공한다는 것은 교육의 질 저하를 초래할 수밖에 없었다.[45]

학생 수가 너무 많은 것은 특히 여학생들에게 문제가 된다. 그들은 강의실과 과밀 버스에서 온갖 종류의 희롱에 시달려야

한다. 이런 상황에서

> 자마 알 이슬라미야[이슬람 협회들 — 지은이]는 [이런 문제들을 — 지은이] 인식하고 즉각적 해결책을 제시해 상당한 영향력을 확보했다. 예컨대, 학생회 기금으로 여학생들을 위한 미니버스[베일을 착용한 여학생들을 먼저 태우는 — 지은이]를 운영하고, 강의실에서 남학생 줄과 여학생 줄을 구분할 것을 요구하고, 사원에서 만나는 재수강 학생들의 모임을 조직하고, 전공 교과서들을 제본해서 싸게 판매했다.[46]

졸업생들은 이집트 사회 전반에 풍토병처럼 널리 퍼진 빈곤에서 벗어나지 못한다.

> 모든 졸업생은 공공기관에 취업할 수 있는 권리가 있다. 그러나 이 조처는 비대해진 관공서에서 형편없는 보수를 받으며 일하는 사실상의 실업자들이 엄청나게 많다는 사실을 은폐하고 있다. … 그들은 국가가 보조금을 지원하는 제품들을 구매해서 그럭저럭 먹고살 수는 있지만, 입에 풀칠이나 하는 생활에서 벗어날 가능성은 거의 없다. … 거의 모든 공무원이 한두 개의 부업을 갖고 있다. … 이런저런 수많은 부서에서 근무하는 수많은 공무원들이 아침 내내 책상에 앉아 있다가 오후에는 배관공이나 택

시 운전사로 일하거나 글을 모르는 사람들도 할 수 있는 일들을 하며 시간을 보낸다. … 시골에서 농사짓다 도시로 올라와 외국인 집에서 가정부 일을 하는 문맹 여성이 대학 강사보다 두 배쯤 많은 보수를 받을 것이다.[47]

대다수 졸업생들이 이런 곤경에서 빠져나올 수 있는 길은 외국, 특히 사우디아라비아나 페르시아 만 연안 국가들에서 일자리를 얻는 것뿐이다. 그리고 이것은 단지 빈곤에서 벗어나는 길만은 아니다. 대다수 사람들에게 그것은 혼전 성관계가 희귀한 사회에서 결혼의 전제 조건이기도 하다.

이슬람주의자들은 이런 문제들을 종교적 언어로 표현할 수 있었다. 초기 이슬람주의 종파 지도자들 중 한 명을 거론하며 케펠이 썼듯이, 그 지도자의 입장은 "지난 세기의 광신도처럼 행동하는 것"과 아무 관계가 없다. "그는 현대 이집트 사회의 결정적 문제점을 — 그 자신의 방식으로 — 정확히 지적하고 있다."[48]

알제리에서 그랬듯이, 일단 대학에서 대중적 기반을 확보한 이슬람주의자들은 더 광범한 환경으로 진출할 수 있게 됐다. 도시 빈민가라는 환경에서는 학생들이나 학생 출신들이 먹고살기 위해 버둥거리는 다른 대중과 뒤섞여 있었다. 이런 일이 벌어지기 시작한 것은 1970년대 말에 이집트 정권이 이스라엘과 평화협정을 체결한 뒤 대학의 이슬람주의 운동을 가혹하게 탄압하면서부터였다. "그러나 이런 탄압은 자마를 저지하기는커녕 그들의 힘을 북돋아 줬을 뿐이다. … 이제 자마의 메시지는 학생 세계를 뛰어넘어 확산되기 시작했다. 이슬람주의 조직의 간부들과 선동가들은 빈민가로 가서 설교했다."[49]

사회 운동으로서의 급진 이슬람

이슬람주의의 계급적 기반은 고전적 파시즘이나 인도의 BJP·쉬브세나·RSS 등 힌두 원리주의의 계급적 기반과 비슷하다. 이 모든 운동들은 전통적 상인·전문직 프티부르주아지뿐 아니라 화이트칼라 중간계급과 학생들로부터도 조직원들을 충원했다. 이와 함께 대다수 이슬람주의 운동들이 좌파, 여성의 권리, 세속주의에 적대적 태도를 취한다는 사실 때문에 많은 사회주의자들과 자유주의자들이 이슬람주의 운동은 곧 파시스트 운동이라고 말했다. 그러나 이것은 틀렸다.

프티부르주아 계급 기반은 파시즘의 특징일 뿐 아니라 자코뱅주의, 제3세계주의, 마오주의적 스탈린주의, 페론주의의 특징이기도 하다. 프티부르주아 운동들은 특별한 계급투쟁 상황에서 출현해 특별한 구실을 할 때에만 파시스트 운동이 된다. 그런 구실은 단지 프티부르주아지를 동원하는 것뿐 아니라 체제의 첨예한 위기가 그들에게 가하는 고통을 이용하는 것과 그래서 자본을 위해 노동자 조직들을 분쇄하는 일을 할 각오가 돼 있는 조직 폭력배들로 변신하는 것도 포함한다.

그 때문에 무솔리니와 히틀러의 운동은 파시스트 운동인 반면, 예컨대 아르헨티나의 페론의 운동은 파시스트 운동이 아닌 것이다. 비록 페론이 파시즘의 몇몇 이미지를 차용한 것은 사실이지만, 그는 예외적 상황 — 노동자 조직들을 매수하는 한편 국가 개입을 이용해 대(大)농업 자본가들의 이윤을 공업 확장에 전용할 수 있었던 — 에서 권력을 장악했다. 그의 첫 집권 6년 동안 일련의 특별한 상황 덕분에 실질 임금이 약 60퍼센트 상승했다. 진정한 파시스트 정권에서는 이런 일은 결코 일어나지 않았을 것이다. 그러나 자유주의 인텔리겐치아와 아르헨티나 공산당은 페론 정권을 '나치 페론주의'라고 부르기를 서슴지 않았고, 오늘날 전 세계의 많은 좌파들도 이슬람주의를 그렇게 부르고 있다.[50]

알제리와 이집트 같은 나라들의 이슬람주의 대중 운동들도 파시즘과 다른 구실을 한다. 그들의 주된 표적은 노동자 조직들이 아니며 그들은 노동자들을 희생시켜 주요 자본 부문의 문제들을 해결하는 노릇도 하지 않는다. 그들은 흔히 국가 권력과 직접 무장 투쟁을 벌이지만, 파시스트 정당들이 그렇게 하는 경우는 매우 드물다. 그리고 이슬람주의 운동들은 제국주의의 노골적 대리인 노릇을 하기는커녕 반제국주의 구호들을 제기하거나 매우 중요한 국민적·국제적 자본의 이익을 침해하는 반제국주의 투쟁(예컨대, 알제리에서는 제2차 걸프전에 반대했으며, 이집트에서는 이스라엘과의 '평화' 협정에 반대했고, 이란에서는 샤의 몰락 직후 미군 주둔에 반대했다)을 벌이기도 한다.

미국 중앙정보국(CIA)은 파키스탄 정보기관이나 중동의 친서방 국가들과 협력해 중동 전역의 자원자 수천 명을 무장시켜 아프가니스탄에서 옛 소련군에 맞서 싸우게 할 수 있었다. 그러나 이제 고국으로 돌아온 이 자원병들은 자신들이 "이슬람을 위해" 싸우고 있다고 생각했을 때 사실은 미국을 대신해 싸우고 있었을 뿐이라는 것을 깨닫고, 자신들을 고무해 아프가니스탄으로 가게 만든 자국 정부에 반대하는 극렬 세력이 됐다. 심지어 국가가 앞장서서 와하비즘 — 극단적 금욕주의에 입각해 이슬람 샤리아(율법)를 해석하는 — 을 강요하는 사우디아라비아에서도 이제 반정부 세력은 "아프가니스탄에서 싸운 전사들 수천 명" — 세계 자본주의 지배계급에 점차 통합되는 사우드 왕가의 위선에 넌더리가 난 — 의 지지를 받고 있다고 주장한다. 그리고 이제 사우드 왕가는 한때 자신이 그토록 고무했던 바로 그 사람들 중 일부에게 보복을 가하고 그들을 적으로 돌리며, 알제리 FIS가 제2차 걸프전에서 이라크를 지지했다는 이유로 FIS에 대한 자금 지원을 끊고, 이집트 이슬람주의자들에게 돈을 대 준 사우디아라비아 백만장자 한 명을 추방했다.

이슬람주의자들을 단지 '파시스트'라고 보는 좌파들은 이슬람주의 운동들이 중동 전역에서 자본의 이해관계를 불안정하게 만든다는 사실을 놓치고 있으며, 결국 제국주의와 국내 자본 둘 다를 강력하게 지원하는 국가를 편들고 있다. 예컨대, 스탈린주의의 잔재에 영향을 받은 이집트의 일부 좌파들이 바로 그런 태도를 취했다. 제1차 걸프전 막바지 단계에서 미국 제국주의가 미군 함대를 파견해 이라크와 같은 편에 서서 이란에 맞서 싸웠을 때, 이란 좌파들도 대부분 그런 태도를 취했다. 그리고 이슬람주의자들과 국가가 내전 일보 직전까지 치달은 알제리의 세속적 좌파도 그런 태도를 취할 위험이 있다.

그러나 이슬람주의 운동들을 '파시스트'라고 보는 것도 틀렸지만, 그들을 단지 '반제국주의' 또는 '반국가'라고만 보는 것도 틀렸다. 이슬람주의 운동들은 대중을 착취하고 지배하는 계급들과 국가들에만 맞서 싸우는 것이 아니다. 그들은 세속주의, 이슬람의 '정숙' 관념을 지키지 않으려 하는 여성들, 좌파, 그리고 소수 민족이나 종교 집단에도 맞서 싸운다. 알제리의 이슬람주의자들이 1970년대 말과 1980년대 초에 여러 대학에서 기반을 닦을 때 그들은 경찰의 묵인 아래 좌파에 대한 '보복 습격'을 조직했고, 그들에게 살해당한 최초의 인물은 정부 관리가 아니라 트로츠키주의 조직원이었다. 그들은 1985년 이슬람 도서전에서 잡지 〈하드록 매거진〉(Hard Rock Magazine), 동성애, 마약, 펑크를 비난하기도 했다. 이슬람주의자들의 세력이 강력한 알제리의 도시들에서는 맨살을 약간 드러낸 여성들을 공격하기도 했다. 1989년 FIS의 첫 번째 대중 시위는 이슬람주의의 폭력에 반대하는 '페미니스트', '세속주의자'의 시위에 맞불을 놓기 위한 것이었고, 그런 폭력의 주된 피해자는 여성들이었다.[51] 그들은 단지 국가와 외국 자본만을 적대하는 것이 아니라, 제1언어로 프랑스어를 배우며 자란 100만 명 이상의 알제리 시민들 — 그들이 프랑스어를 배운 것은 결코 그들 자신의 잘못이 아니다 — 과 아랍어가 아니라 베르베르어를 사용하는 사람들 — 인구의 10퍼센트 — 도 적대한다.

이집트에서도 이슬람주의 무장 세력들은 자신들과 이견이 큰 이슬람주의자들과 세속주의자들을 살해한다. 그들은 이집트 인구의 10퍼센트인 콥트 기독교도들에 대한 무슬림들의 종단적 증오심 — 대량 학살도 포함하는 — 을 부추긴다. 이란에서 호메이니파 이슬람주의자들은 1979~81년에 동성애·간통 등 '성 범죄자' 약 100명을 처형했다. 그들은 사법부에서 여성들을 해고했고, 이란 헤즈볼라라는 폭력 조직을 만들어 베일을 착용하지 않은 여성들을 공격하고 좌파들을 폭행했다. 또, 좌파 이슬람주의 조직 인민 무자헤딘을 탄압하면서 수천 명을 살해했다. 아프가니스탄에서는 옛 소련의 점령에 맞서 장기간의 유혈 낭자한 전쟁을 벌였던 이슬람주의 조직들이 소련군 철수 이후 자기들끼리 서로 싸우다가 카불을 폐허로 만들어 버렸다.

사실, 이슬람주의자들이 '반제국주의'를 강조할 때조차 그들은 흔히 제국주의를 곤경에서 구해 주곤 한다. 왜냐하면 오늘날의 제국주의는 대개 서방 국가들이 제3세계의 여러 지역을 직접 지배하는 것이 아니라 단일한 세계 시장에 통합된 독립적 자본가 계급들('사적' 자본가와 국가 자본가 둘 다)의 세계 체제이기 때문이다. 일부 지배계급들은 다른 지배계급들보다 힘이 더 세서 무역·금융 체제에 대한 지배권을 활용하거나 때로는 무력을 이용해 자신들의 요구 조건을 강요할 수 있다. 이 지배계급들이 착취 구조의 꼭대기에 있는 것은 사실이지만, 그들 바로 아래에 있는 더 가난한 나라의 지배계급들도 개별 국민 경제들에 뿌리를 내린 채 그 착취 구조에서 이득을 보면서 유력한 다국적 네트워크들과 점차 결합되고 선진 세계의 경제에 편입되고 있다. 물론 때로는 그들 위에 있는 지배계급들을 거세게 비난하면서도 그렇게 한다.

압도 다수 대중의 고통을 제국주의 열강들과 세계은행·IMF 같은 제국주의 기구들의 탓으로만 돌릴 수는 없다. 그들의 고통은 더 작은 자본가들과 그들의 국가들이 착취 구조에 열정적으로 참여한 결과이기도 하다. 대중을 빈곤에 빠뜨리고 그들의 삶을 파탄 낸 정책들을 실제로 집행하는 것은 바로 그 자본가들과 국가들이다. 그리고 저항을 시도하는 사람들을 경찰과 감옥을 이용해 짓밟는 것도 바로 그들이다.

이런 상황과 식민지 제국들의 고전적 제국주의 시대 사이에는 중요한 차이가 있다. 고전적 제국주의 시기에는 서구 식민주의자들이 국가 관직을 차지한 채 억압을 주도했다. 식민지 현지의 착취 계급들은 두 방향으로 이끌렸다. 국가가 그들의 이익을 침해할 때는 국가에 저항하고, 그들 자신이 착취하는 자들에 대항하는 방파제 구실을 할 때는 국가와 협력했다. 그러나 그들이 반드시 착취 체제 전체를 지키는 전선의 선두에 서서 반란을 진압한 것은 아니었다. 그러나 오늘날 그들은 다르다. 비록 체제와 틀어질 때도 있지만, 어쨌든 그들은 체제의 일부다. 그들은 더는 변덕스런 반대파가 아니다.[52]

이런 상황에서 제국주의 외세만을 적으로 여기는 이데올로기는 체제와의 진지한 대결을 회피하게 된다. 그것은 사람들의 분노와 좌절을 표현하지만, 그런 분노와 좌절이 진정한 적들을 겨냥하지 못하게 만들기도 한다. 그 점은 오늘날 대다수 제3세계 민족주의뿐 아니라 다양한 이슬람주의들에도 적용된다. 그들은 진정한 적, 즉 세계 체제를 비판하고 때로는 국가와 격렬하게 충돌하기도 한다. 그러나 제국주의의 가장 중요한 장기적 협력자인 대다수 국내 부르주아지의 책임을 면제해 준다.

아브라하미안은 이란의 호메이니주의에 대한 최근 연구에서 페론주의나 그 비슷한 형태의 '포퓰리즘'들과 호메이니주의를 이렇게 비교했다.

> 호메이니는 급진적 주제들을 선택했다. … 때때로 그의 말은 마르크스주의자들의 말보다 더 급진적인 것처럼 들렸다. 그러나 급진적 주제들을 선택하면서도 중간계급의 재산을 지키는 일에 굳건하게 매달렸다. 이런 형태의 중간계급 급진주의 때문에 그는 라틴아메리카의 포퓰리스트들, 특히 페론주의자들과 비슷해 보였다.[53]

더 나아가 아브라하미안은 이렇게 말했다.

> 내가 말하는 '포퓰리즘'은 재산을 가진 중간계급이 제국주의, 외국 자본주의, 기성 정치 체제에 반대하는 미사여구를 말하면서 하층 계급들, 특히 도시 빈민을 동원하는 운동을 가리킨다. … 포퓰리스트 운동들은 대중의 생활 수준을 과감하게 향상시키고 조국을 외세로부터 완전히 독립적인 나라로 만들겠다고 약속한다. 훨씬 더 중요한 점은, 급진적 미사여구를 동원해 기존 질서를 공격하면서도 프티부르주아지와 사적 소유 원칙 자체를 위협하는 일은 의도적으로 회피한다는 것이다. 따라서 포퓰리스트 운동들은 경제적·사회적 혁명이 아니라 문화적·민족적·정치적

재건이 중요하다고 강조할 수밖에 없다.[54]

그런 운동들은 제국주의에 반대하는 진정한 투쟁에서 순전히 이데올로기적인 투쟁 — 그들이 제국주의의 문화적 결과라고 생각하는 것에 반대하는 — 으로 옮겨 감으로써 문제들을 뒤섞는 경향이 있다. 물질적 착취가 아니라 '문화 제국주의'를 모든 문제의 근원으로 여기는 것이다. 그리 되면, 사람들을 가난하게 만드는 진정한 세력에 맞서 싸우는 것이 아니라 '외국'어를 사용하거나 '이방' 종교를 받아들이거나 이른바 '전통적' 생활 방식을 거부하는 사람들에 맞서 싸우게 된다. 이것은 특정 국내 자본에게는 편리한 구실인데, 왜냐하면 그들은 적어도 공공 분야에서는 '토착 문화'를 적용하기가 쉽다는 것을 알기 때문이다. '문화 제국주의'를 모든 문제의 근원으로 여기는 태도는 또 일부 중간계급의 물질적 이해관계와 직결되기도 한다. 이른바 '전통적' 생활 방식을 거부하는 사람들의 일자리를 빼앗아 출세할 수 있기 때문이다. 그러나 이런 태도는 제국주의에 반대하는 운동들이 제국주의 체제에 대한 실질적 위협으로 발전하는 것을 가로막는다.

따라서 이슬람주의는 대중의 분노를 동원하기도 하지만 마비시키기도 한다. 뭔가를 해야 한다는 사람들의 정서를 고취하기도 하지만 그 정서를 막다른 골목으로 몰아가기도 한다. 국가를 불안정하게 만들기도 하지만 국가에 반대하는 진정한 투쟁을 억제하기도 한다.

이슬람주의의 모순적 성격은 그 핵심 간부들의 계급적 기반에서 비롯한다. 프티부르주아지 계급은 일관되고 독자적인 정책을 추구할 수 없다. 전통적 프티부르주아지 — 소규모 상점 주인들, 상인들, 자영업자들 — 는 항상 그랬다. 그들은 항상 과거를 돌아보며 안정을 추구하는 보수적 염원과 급진적 변화에서 개인적 이득을 얻고 싶다는 희망 사이에서 오락가락했다. 이 점은 오늘날 경제적 후진국들의 가난한 신중간계급 — 또는 신중간계급이 되고 싶어 하는, 훨씬 더 가난한 학생 출신 실업자들 — 도 마찬가지다. 그들은 이른바 과거의 황금 시절을 동경할 수 있다. 자신들의 미래가 혁명적 변화를 통한 일반적 사회 진보에 달려 있다고 생각할 수도 있다. 또는, 중간계급의 일자리들을 '불공정하게' 차지한 다른 사람들 — 소수 민족이나 종교 집단, 다른 언어 사용자들, '비전통적' 방식으로 일하는 여성들 — 때문에 자신들의 염원이 좌절됐다고 생각할 수 있다.

그들이 어느 방향으로 나아가느냐는 직접적인 물질적 요인들에만 달려 있지 않다. 그것은 국내외에서 벌어지는 투쟁들에도 달려 있다. 그래서 1950년대와 1960년대에는 식민주의와 제국주의에 반대하는 투쟁들이 제3세계의 중간계급 다수를 고무했고, 국가 주도 경제 발전이 곧 진보라는 생각이 널리 퍼져 있었다. 세속적 좌파, 또는 적어도 스탈린주의나 민족주의 주류 좌파가 그런 비전을 구현하는 것처럼 보였고, 그런 좌파들이 대학에서 어느 정도 헤게모니를 행사하고 있었다. 그런 상황에서는 종교적 지향에서 출발한 사람들조차 좌파처럼 보인 것 — 예컨대, 미국의 베트남 전쟁에 반대하는 운동이나 중국의 이른바 문화혁명 — 에 이끌렸고 여성 문제 등의 쟁점에서 전통적 종교사상을 거부하기도 했다. 라틴아메리카의 가톨릭 해방신학과 이란의 인민 무자헤딘이 바로 그런 경우였다. 그리고 심지어 아프가니스탄의 이슬람주의 학생들도

> 6일 전쟁 당시 시온주의에 반대하는 시위를 벌였고, 미국의 베트남 정책이나 기성 체제의 특권에 반대하는 시위를 벌였다. 그들은 전통주의 진영의 주요 인사들, 국왕과 특히 국왕의 사촌 다우드에 격렬하게 반대했다. … 그들은 옛 소련이든 서방이든 외세의 압력에 반대했고, 1972년의 기근 당시 투기꾼들에 반대하며 그들의 개인 재산을 규제해야 한다고 주장했다.[55]

1970년대 말과 1980년대에는 분위기가 달라졌다. 한편으로 캄보디아의 킬링필드, 베트남과 중국의 국경 분쟁, 중국이 친미 진영으로 이동한 것 때문에 동유럽 국가들로 대표되는 이른바 '사회주의' 모델에 대한 환멸이 전 세계로 확산되기 시작했다. 그

런 환멸은 1980년대 말 동유럽의 변화와 옛 소련의 붕괴 때문에 훨씬 더 심해졌다.

세계 어느 곳보다 중동의 특정 나라들에서 그런 환멸이 훨씬 더 심각하던 이유는 환상이 단지 외교 정책의 문제만은 아니었기 때문이다. 그런 나라의 정권들은 정도의 차이는 있으나 동유럽 모델을 바탕으로 한 민족적 '사회주의'를 실현하고 있다고 주장했다. 자국 정부에 비판적인 좌파들조차 그런 주장을 받아들이고 인정하는 경향이 있었다. 그래서 알제리에서는 1970년대 초에 좌파 대학생들이 '토지 개혁'을 지원하기 위해 자발적으로 농촌으로 들어갔다. 정권이 이미 좌파 학생 조직을 탄압하고 경찰을 동원해 대학들을 계속 통제하고 있었는데도 그렇게 했다. 그리고 이집트에서는 공산주의자들이 계속 나세르를 사회주의자라고 주장했다. 심지어 나세르가 자신들을 투옥한 뒤에도 그렇게 주장했다. 따라서 그런 정권에 대한 환멸은 좌파에 대한 환멸이기도 했다.

다른 한편으로, 특정 이슬람 국가들이 하나의 정치 세력으로 등장했다. 리비아에서 카다피의 집권, 1973년 아랍-이스라엘 전쟁 당시 사우디아라비아가 주도한 대(對)서방 석유 금수 조치, 그리고 무엇보다도 1979년의 이란 이슬람 공화국 수립.

한때 좌파에 의존하던 학생들과 청년들이 이슬람주의에 매료되기 시작했다. 예컨대, 알제리에서는 "청년들이 한때 마오와

게바라를 떠받든 것과 마찬가지로 호메이니를 떠받들기 시작했다."[56] 이슬람주의 운동들이 절박하고 급진적인 변화를 제공하는 것처럼 보였기 때문에 그 세가 더욱 확대됐다. 이슬람주의 운동의 지도자들은 의기양양했다.

그러나 이슬람주의의 모순들은 사라지지 않았고 그 뒤 10년 동안 분명히 드러났다. 이슬람주의는 불가항력적 힘이기는커녕 그 지지자들끼리 서로 싸우게 만드는 자체의 내부 압력에 계속 시달려 왔다. 1940년대와 1950년대에 스탈린주의가 중동에서 실패·배반·분열·억압을 경험했듯이, 1980년대와 1990년대의 이슬람주의도 마찬가지였다.

이슬람주의의 모순: 이집트

이슬람주의의 모순적 성격은 "코란으로 돌아가자"는 구호를 이해하는 방식 자체에서 드러난다. 그것은 기존 사회의 '가치들'을 개혁하는 것, 즉 주요 사회 구조는 그대로 둔 채 종교적 관행들을 부활시키는 것만을 뜻할 수 있다. 또는, 기존 사회의 혁명적 전복을 뜻할 수도 있다. 그 모순은 1930년대, 1940년대, 1950년대 이집트 무슬림형제단의 역사뿐 아니라 1970년대, 1980년대, 1990년대 새로운 급진 이슬람주의 운동들의 역사에서도 드러난다.

앞서 봤듯이, 무슬림형제단은 부르주아 민족주의적 와프드당이 영국과 타협한 것에 환멸을 느낀 사람들의 지지를 받으며 1930년대와 1940년대에 급속하게 성장했다. 스탈린의 영향을 받던 공산주의 좌파가 이스라엘 건국을 지지하는 데까지 나아갈 만큼 우경화한 것도 무슬림형제단의 성장에 한몫했다. 무슬림형제단은 자원자들을 모집해 팔레스타인인들의 투쟁을 지원하고 영국의 수에즈 운하 점령에 반대하는 투쟁을 조직함으로써 반제국주의 투쟁을 지지하는 것처럼 보일 수 있었다. 그러나 자신에 대한 지지가 절정에 달한 바로 그때 무슬림형제단은 난관에 봉착하기 시작했다. 프티부르주아 청년들을 대거 가입시키고, 왕궁과 연계를 맺고, 와프드당 우파와 거래하고, 하급 군 장교들과 음모를 꾸미는 등 여러 세력의 연합에 기초를 두고 있던 무슬림형제단 지도부는 서로 다른 방향으로 움직였다.

팔레스타인에서 일어난 파업, 시위, 암살, 군사적 패배와 수에즈 운하 지역에서 벌어진 게릴라전 때문에 이집트 사회가 분열한 것처럼 무슬림형제단도 해체 위험에 직면했다. 많은 조직원들이 반나의 처남인 사무총장 아바딘의 개인적 행동에 분개했다. 반나 자신은 총리인 누크라시를 암살한 조직원들을 비난했다. 1949년에 반나가 죽은 뒤 그의 후임으로 '최고 지도자'가 된 사람은 무슬림형제단 안에 비밀 테러 조직이 존재했음을 알고 당황했다. 1952~54년에 나세르가 이끄는 군부가 정권을 장악하자 무슬림형제단은 쿠데타 지지파와 반대파로 분열했고 두 분파의 주도권 다툼으로 결국 물리적 충돌까지 일어났다.[57] 한때 아주 강력하던 조직을 나세르가 분쇄할 수 있었던 것은 "지도부의 자신감 상실" 덕분이었다.[58]

그러나 자신감 상실은 우연이 아니었다. 그것은 사회적 위기가 심화할 때 프티부르주아 운동에서 발생할 수밖에 없는 근원적 분열에서 비롯한 것이었다. 한편으로, 일부 사람들은 위기를 이용해 옛 지배계급과 거래를 해서 그들이 '이슬람 가치들'을 시행하게 만들자는 생각을 하게 됐다(반나 자신이 왕정과 협력해 '새로운 칼리프 제도'를 수립할 속셈이었고, 그래서 한때는 왕정이 음주와 매춘을 강력히 단속하겠다고 약속하자 그 대가로 왕정을 지지하기도 했다).[59] 다른 한편으로, 급진적 프티부르주아 조직원들은 진정한 사회 변화를 원했지만, 그들이 생각할 수 있는 사회 변화 방법은 즉각적 무장투쟁뿐이었다.

오늘날의 이집트 이슬람주의도 똑같은 모순을 겪고 있다. 재건된 무슬림형제단은 1960년대 말에 잡지 〈알 다와〉(al-Dawa)를 중심으로 반(半)합법 활동을 하기 시작했다. 그들은 정권 타도 같은 것은 꿈도 꾸지 않았다. 오히려 그들의 목표는 이집트 사회 내부에서 압력을 가해 이슬람 노선에 맞게 사회를 개혁하는 것이었다. 무슬림형제단 최고 지도자가 감옥에서 쓴 책에서

밝혔듯이, 그들의 과제는 "판사가 아니라 설교자"가 되는 것이었다.[60] 실천에서 이것은 사다트 정권과의 화해를 추구하며 "개혁주의적 이슬람주의" 노선을 채택하는 것을 뜻했다.[61] 그 대가로 정권은 당시 주적으로 여기고 있던 좌파를 처리하는 데 이슬람주의자들을 이용했다. "정권은 이슬람주의 운동의 개혁주의 분파 — 월간지 〈알 다와〉 주변 인사들과 이슬람협회 소속 대학생들 — 를 너그럽게 대했고, 이슬람주의자들은 대학교에서 나세르주의나 공산주의 냄새가 조금이라도 나는 것들을 모조리 제거했다."[62]

1977년 1월 정부가 식료품과 다른 주요 소비재들의 가격을 인상하자 이집트의 13개 주요 도시에서 파업·시위·폭동이 일어났고, 이 때문에 이집트 사회가 크게 흔들렸다. 이것은 1919년 영국에 대항한 민족주의 반란 이후 최대의 항쟁이었다. 무슬림형제단과 이슬람협회는 이 항쟁을 '공산주의자들의 음모'라며 비난했고, 그것을 탄압하는 국가를 지지하는 메시지를 발표했다.

그런 이슬람주의 '개혁주의'에서 중요한 것은 사회 자체를 바꾸는 것이 아니라 사회의 도덕을 바꾸는 것이다. 그들이 강조하는 것은 사회를 변혁해 이슬람 공동체(움마)를 재건하는 것이 아니라 기존 사회 안에서 특정 행위들을 강제하는 것이다. 그리고 그들의 적은 국가나 내부의 '억압자들'이 아니라 종교적 계율을 침해하는 것처럼 보이는 외부 세력 — 〈알 다와〉의 경우는 '유대인', '십자군'(콥트교도를 포함하는 기독교도), '공산주의', '세속주의' — 이었다. 이런 것들에 맞서 싸우는 투쟁에는 샤리아(이슬람 법학자들이 코란과 이슬람 전통에서 뽑아내 성문화한 법률 체계)를 강제하기 위한 투쟁도 포함된다. 그것은 기존 국가가 특정 문화를 사회에 강제하도록 만들기 위한 투쟁이지 국가를 전복하려는 투쟁이 아니다.

그런 전망은 특정 종류의 이슬람주의를 지지하는 기존 사회 집단(옛 지주 계급과 상인의 후예들), 청년기에는 급진 이슬람주의자였으나 이제는 신분 상승에 성공한 사람들(사우디아라비아에서 돈을 모았거나 돈 잘 버는 중간계급 전문직으로 출세한 사람들), 국가 탄압 때문에 급진적 사회 변혁의 전망이 어두워져 낙담한 급진 이슬람주의자들의 욕구에 딱 들어맞는다.

그러나 그것은 가난한 학생들이나 학생 출신 대중, 도시 빈민가에서 그들과 뒤섞여 사는 농민 출신 대중의 좌절된 열망에는 전혀 맞지 않는다. 그들은 "코란으로 돌아가자"는 구호를 훨씬 더 급진적으로 해석한 것 — 기존 이슬람 국가들에 대한 외부의 압력뿐 아니라 그 국가 자체도 공격해야 한다는 주장 — 에 쉽게 이끌린다.

그래서 이집트 이슬람주의자들은 1966년 나세르가 처형한 무슬림형제단원 사이드 쿠틉이 쓴 《이정표》(Signpost)를 교과서로 사용한다. 그 책은 서구 이데올로기와 스탈린주의 이데올로기의 파산을 비난할 뿐 아니라 이슬람 국가를 자처하는 국가조차 이슬람에 어긋나는 야만주의(자힐리야, 즉 무슬림들이 이슬람 이전의 아라비아 사회를 일컫는 말)에 기초할 수 있다고 주장한다.[63]

그런 상황을 바로잡을 수 있는 것은 "최초의 코란 세대"의 모범을 따라 혁명을 수행하는 "움마의 전위"뿐이다.[64] 즉, 무함마드가 메카를 전복할 수 있는 세력을 양성하기 위해 메카를 떠났던 것처럼 "움마의 전위"도 기존 사회를 떠나야 한다는 것이다.

그런 주장들은 제국주의만 적으로 보는 견해를 넘어서서 처음으로 자국 국가를 직접 공격했다. 신(新)무슬림형제단의 온건파에게 그런 주장들은 매우 난처한 것이었고, 이제 그들은 그 책의 저자를 순교자로 숭배해야 하는 처지가 됐다. 그러나 수천 명의 급진적 청년들은 그런 주장에서 영감을 얻었다. 그래서 1970년대 중반에 '알 타크티르 왈 히그라'라는 조직은 기존 사회, 기존 사원들, 기존 종교 지도자들, 심지어 〈알 다와〉와 연결된 신무슬림형제단조차 "이슬람에 어긋난다"며 거부했고, 그 지도자인 슈크리 무스타파는 1977년에 고위 성직자를 납치했다는 이유로 처형당했다.[65] 그 조직의 태도는 자신의 조직원들만이 진정한 무슬림들이며 그들은 기존 사회와 단절한 채 자신들만의 공동체를 이뤄 살면서 다른 모든 사람을 이교도로 취급해야 한다는 것이었다.

처음에 각 대학의 이슬람협회는 무슬림형제단 온건파의 영향을 받고 있었고, 그래서 소비재 가격 인상에 반대하는 항쟁을 비난했을 뿐 아니라 그해 말 슈크리가 처형당했을 때 그와의 관계를 부인하기까지 했다. 그러나 그들의 태도는 바뀌기 시작했다. 특히 사다트가 1977년 말에 이스라엘과 '평화 협상'을 시작했을 때 급속하게 바뀌었다. 머지않아 많은 대학생 활동가들은 여러모로 슈크리의 사상보다 더 급진적인 사상들을 받아들이고 있었다. 그들은 기존 사회를 외면했을 뿐 아니라 사회를 전복하기 위한 조직 활동을 시작했고, 그 결과는 1981년 10월 아브드 알-살람 파라지의 지하드 그룹이 사다트를 암살하는 것으로 나타났다.

파라지는 다양한 이슬람주의 운동의 전략들을 신랄하게 비판했다. 이슬람 자선단체 활동만 하는 경향, (신무슬림형제단처럼) 기존 국가에 정통성의 외피만 씌워 줄 뿐인 이슬람 정당을 건설하려는 경향, '설교'만 하고 지하드(성전)는 회피하는 경향, 슈크리의 조직처럼 기존 사회와 단절할 것을 주장하는 경향, (팔레스타인과 아프가니스탄에서처럼) 이슬람 외부의 적들에 대항하는 투쟁을 우선시하는 경향을 싸잡아 비판했다. 이 모든 경향을 비판하면서 그는 즉각적 무장 투쟁, "마왕과 싸우는 지하드"야말로 모든 무슬림의 의무라고 주장했다.

국내의 적에 맞선 투쟁이 외부의 적에 맞선 투쟁보다 중요하다.

… 우리 무슬림 나라들에 식민주의나 제국주의가 존재하는 것은 이 이교도의 정부들 때문이다. 따라서 반제국주의 투쟁의 개시는 쓸모없고 수치스러운 시간 낭비일 뿐이다.[66]

파라지의 주장은 반국가 무장봉기 사상과 직결됐다. 그러나 그 자신의 조직 내에도 중요한 차이가 있었다. 이교도의 국가 파괴를 주된 목표로 하는 카이로 분파와 "기독교로 개종한 자들을 이슬람 전파의 주된 장애물로 여기는" 아슈트 — 이집트 중부의 도시 — 분파의 갈등이 그것이었다.[67]

실천에서 이것이 뜻한 바는 아슈트 분파가 주로 소수 콥트교도(주로 빈농들)를 공격했다는 것이다. 이미 그해 초에 자마 학생들은 그 정책을 추진해 끔찍한 성공을 거둔 적이 있었다. 당시 그 정책은 처음에는 이집트 중부의 도시 미냐에서, 나중에는 카이로 인근 알-제위야 알-함라(Al-Zewiyya al-Hamra)에서 종단 분쟁을 촉발해 여러 사람을 죽음으로 이끌었다. "자마는 국가를 궁지에 몰아넣고 자신들이 국가를 대체할 준비가 돼 있음을 과시하기 위해 종파 간 긴장의 불씨를 지피는 데 거리낌이 없었다."[68]

따라서 지하드의 아슈트 분파는 종단적 증오심을 부추기는 전략을 통해 현지 대중의 지지를 얻는다는, 이미 입증된 방식을 추구하고 있었다. 그 덕분에 그들은 사다트 피살 직후 잠시나마

아슈트를 지배할 수 있었다. 반면에, 국가를 주적으로 삼은 카이로 분파의 활동가들은 "동조자나 지지자들을 규합할 수 없었고, 그들의 고립된 행동 — 사다트 암살 — 은 파라지와 그의 동료들이 그토록 열렬하게 바랐던 카이로 무슬림 대중의 항쟁을 촉발하지도 못했다."[69]

사다트 암살은 이슬람주의자들의 국가 권력 장악으로 이어지지 않았다. 오히려 국가가 암살 후의 혼란을 이용해 이슬람주의자들을 분쇄할 수 있었다. 수천 명이 구속됐고 많은 지도자들이 처형됐으며, 국가 탄압 때문에 운동이 심각하게 약화했다. 그러나 그토록 많은 청년들을 이슬람주의 추종 세력으로 만든 원인들은 사라지지 않았다. 1980년대 말쯤 운동은 다시 자신감을 회복했고 카이로와 알렉산드리아의 일부 지역에서 급속하게 성장하기 시작했다. 이것은 경찰과 보안군에 대한 효과적 테러 공격으로 이어졌다.

그러자 1992년 12월 국가가 전례 없이 가혹한 탄압을 가하기 시작했다. 탱크와 장갑차로 무장한 군인 2만 명이 임바바 등 카이로의 빈민가를 점령했다. 수만 명이 체포됐고, 체포를 피해 달아난 활동가들을 살해하는 암살단이 날뛰기 시작했다. 급진 이슬람주의자들이 이용하는 주요 사원들은 콘크리트로 봉쇄됐다. 활동가의 부모, 자녀, 부인이 구속돼 고문당했다.

1980년대 초와 마찬가지로 국가의 테러 작전은 성공했다. 이슬람주의 운동은 시위 등의 형태로 대중의 지지를 동원할 수도 없었고 동원하려고 하지도 않았다. 오히려 철저한 테러 전략으로 옮겨 갔지만, 테러는 무바라크 정권을 제대로 흔들지 못했다. 비록 관광산업을 거의 파괴하긴 했지만 말이다.

한편, 무슬림형제단은 샤리아를 국법 체계에 도입하는 문제를 둘러싸고 국가와 협상하고 국가 탄압에 항의하는 노력을 자제하면서 계속 충실한 야당처럼 행세했다.

이슬람주의의 모순: 알제리

알제리 이슬람주의의 성장과 급진화 과정은 여러모로 이집트의 경우와 비슷하다. 1960년대 말과 1970년대 알제리의 독재자 부메디엔은 온건한 이슬람주의자들을 부추겨 자신의 오랜 정적들과 좌파 — 프랑스 식민주의를 끝장낸 민족 해방 운동에서 자신과 함께 싸웠던 — 에 대항하게 했다.

1970년에 국가는 교육·종교부 장관 모울로우드 카심의 주도 아래 이슬람화 캠페인을 시작했다. 그 캠페인은 '도덕의 타락'과 "세계시민주의, 알코올 중독, 서구적인 것을 추구하고 노출이 심한 옷을 즐겨 입는 속물 근성"의 배후인 '서구의 영향력'을 비난했다.[70] 이슬람주의자들은 이런 분위기에 편승해 자신들의 영향력을 증대시킬 수 있었고, 토지 개혁을 우려하는 지주들한테서 돈을 받아 가장 가난한 사회 계층의 호감을 살 만한 메시지를 선전했다.

> 이슬람주의자들은 토지 개혁을 빌미로 한 무신론자들과 공산주의자들의 침투 때문에 이슬람이 위협받고 있다고 선전했다. … 이슬람주의자들은 … 가장 불리한 지역들에 임시 사원을 세우고 자신들의 사상을 전파했다. 그 사원들은 나중에 이슬람주의자들의 굳건한 기반이 됐다. 토지 혁명에 심드렁하고 자신들의 조건에 불만이 많은 노동자들과 실업자들이 이슬람주의자들의 말을 경청했다.[71]

1970년대 중반에 이슬람주의자들은 정권 일각의 지원을 받아 대학 내 좌파의 기반을 무너뜨렸다. "1976~1980년에 이슬람주의자들은 정권의 묵인 아래 마르크스주의자들의 영향력을 완전히 제거하는 데 성공했다."[72]

1980년대 초에도 정권 일각에서는 더 '온건한' 이슬람주의 세력들을 이용해 정권의 안정을 뒷받침할 수 있다고 봤다. 1986년까지 종교장관을 지냈던 치베인은 그런 이슬람주의 경향을 건설하려 했고, 이를 위해 이슬람주의자들이 자본가들한테서 돈을 얻을 수 있도록 도와줬다.[73] 그럼에도 정권에 반대하는 급진

이슬람주의 세력이 발전하는 것을 막을 수 없었다. 그래서 어떤 연구에 따르면, 콩스탕틴 시에서는

> 여론의 주된 흐름이 전통적 이슬람 개념들에서 예언자 시절의 공동체를 부활시키려는 새로운 이슬람 사상으로 바뀌었다. 이 전통주의는 사회·경제 체제에서 배제되고 사회적 좌절감 때문에 괴로워하는 압도 다수 청년들의 지지를 받았다.[74]

이렇게 급진적 이슬람주의의 힘이 강해지자 종교부는 사원의 이맘(설교자)들을 '온건파'가 아니라 급진 이슬람주의자들로 채용할 수밖에 없었다.

정권은 한때 좌파에 대항하기 위해 자신이 조장했던 바로 그 세력을 통제할 수 없게 됐다. 이슬람주의는 정권을 위해 대중을 통제하기는커녕 지도자들 — 1960년대의 해방 투쟁을 끊임없이 들먹이면서도 이제는 안락한 지배계급이 돼 버린 — 에 대한 분노와 증오를 모아 주는 초점이 되고 있었다. 1980년대 중반에 알제리 사회를 강타한 경제 위기 때문에 분노는 더욱 커졌다. 바로 그때 지배계급은 한때 자신들이 비난했던 서구 자본가들에게 의존해 위기를 타개하려 했다. 그리고 프랑스어를 사용하고 "서구의 도덕 때문에 타락한" 사람들을 비난하던 이슬람주의자들의 선동은 "신흥 관료 계급의 핵심인, 비록 소수지만 영향력

은 막강한 전문 기술 관료 집단"의 이익에 대한 공격으로 쉽게 바뀔 수 있었다.[75]

1980년대 중반에 정권은 방향을 바꿔 이슬람주의자들을 공격하고 그 지도자들을 투옥했으며, 대통령 차들리는 이맘들을 '정치적 데마고그들'이라고 비난했다.[76] 그러나 정권의 공격은 이슬람주의자들을 분쇄하기는커녕 반정부 세력으로서 그들의 명성만 높여 줬을 뿐이다.

이 점이 분명히 드러난 것은 1988년 10월이었다. 지배계급과 정권에 대한 온갖 분노가 폭발하는 격변이 일어났다. 그것은 1년 뒤 동유럽에서 벌어진 것과 비슷한 격변이었다. 알제 지역에서 일련의 자생적 파업으로 시작된 그 운동은 머지않아 청년들과 경찰이 거리에서 충돌하는 대규모 시위로 바뀌었다. "그들은 감옥에서 석방된 사람처럼 자신들의 주장을 목청껏 외쳤고 해방감을 만끽했다. 심지어 경찰력도 더는 그들을 위협하지 못했다."[77] "1988년 10월 봉기는 무엇보다 청년들의 반란이었다. 그들은 25년의 군사독재 끝에 자신들의 생활 환경에 대한 분노를 반란으로 표출한 것이다."[78]

그 반란은 정권을 뿌리째 흔들어 놓았다. 동유럽에서 그랬듯이, 전에 억눌려 있었던 온갖 종류의 정치 세력들이 수면 위로 떠올랐다. 기자들은 처음으로 언론의 자유를 누렸다. 지식인들은 알제리 사회의 실상을 공공연하게 이야기하기 시작했다. 좌파든 우파든 망명 정치인들이 귀국했다. 여성 운동이 등장해 정권의 이슬람 가족법 — 여성의 권리를 남성보다 제한한 — 에 도전했다. 그러나 머지않아 분명해진 사실은 베르베르어 사용자들의 거주 지역 밖에서는 이슬람주의자들이 주도적 반정부 세력이었다는 것이다. 그들의 영향력은 1년 뒤 동유럽과 옛 소련에서 등장한 '민주주의자들'의 영향력과 여러모로 비슷했다. 전에 정권 일부가 그들에게 보인 관대함, 몇몇 강력한 외국들의 지속적 지원(예컨대, 사우디아라비아의 재정 지원), 대중의 분노를 모아 내는 메시지를 전달할 수 있는 그들의 능력이 서로 결합됐다.

> 그들의 규모, 사원 연결망, 혼자서도 자발적으로 행동하는 경향 덕분에, 마치 비밀 중앙위원회의 명령에 따르듯이 이슬람주의자들은 대중을 동원하고 사태 전개에 영향을 미칠 수 있는 유일한 운동처럼 보였다. 그들이야말로 반란을 일으킨 사람들의 대변인으로 나서고 운동의 미래 지도자들로 자신들을 내세울 수 있는 사람들이었다. … 대화 상대가 누구인지 몰랐던 정권은 무력 사용을 자제한 채, 통제가 불가능할 만큼 폭력적이었던 군중을 통제하고 그들의 요구를 정식화할 수 있는 '지도자들', 대표자들을 찾고 있었다. 그래서 차들리는 마다니, 벨하지, 나나[가장 유명한 이슬람주의 인사들 — 지은이]를 만났다.[79]

이제 FIS로 조직된 이슬람주의 운동은 그 뒤 몇 달 사이에 아주 강력해졌다. 그래서 1990년 6월 지방선거에서 가장 중요한 지방자치단체들을 장악하고 1991년 12월 총선에서는 가혹한 탄압 속에서도 가장 많은 표를 얻을 수 있었다. 알제리 군부는 이슬람주의자들이 정부를 구성하지 못하도록 총선을 무효화했다. 그러나 대중의 지지를 받는 이슬람주의자들은 거의 내전 상황을 조성할 수 있었고, 알제리 거의 전역을 사실상 이슬람주의 무장 단체들이 지배하게 됐다.

그러나 이슬람주의의 영향력이 증대함과 동시에 FIS의 목표가 무엇인지에 대한 혼란도 가중됐다. 1990년 6월부터 1991년 5월까지 FIS가 알제리의 주요 지방자치단체들을 지배하는 동안

> FIS가 도입한 변화들은 온건한 것이었다. 술집을 폐쇄하고, 뮤지컬 공연들을 취소하고, "여성의 단정한 몸가짐"을 강조하는 한편 "서구의 포르노를 방영하는" 위성방송에 반대하는 캠페인 — 때때로 폭력적인 — 을 벌이는 것 등이었다. … 마다니[FIS의 가장 유명한 지도자 — 지은이]든 그의 자문단이든 진정한 정치·사회 강령을 제시하지 못했고 그런 강령을 논의할 회의를 소집하지도 못했다. 마다니는 자신들이 정부를 구성한 뒤에야 그럴 수 있을 것이라는 말만 했다.[80]

FIS가 실제로 한 일은 노동자들의 임금 인상 요구에 반대한 것이었다. 그 기간에 FIS는 알제[알제리의 수도] 시 환경미화원들의 파업, 공무원들의 파업, 옛 '공식' 노조 연맹이 주도한 하루 총파업에 반대했다. 마다니는 신문 인터뷰에서 환경미화원들의 파업 때문에 의사나 전문직 엔지니어 같은 훌륭한 사람들이 거리 청소를 해야 한다고 불평하면서 파업 파괴를 정당화했다.

> 환경미화원들에게 파업권이 있는 것은 사실이지만, 우리 나라의 수도를 어지럽히고 전국을 쓰레기장으로 만들 권리는 없다. 부패한 자들, 알라와 조국의 적들, 공산주의자들, 그 밖의 여러 사람들의 투쟁 현장이 돼 버린 노동조합들이 파업을 벌이고 있다. 그들은 알제리 민족해방전선(FLN)의 간부들이 퇴각한 곳이면 어디든지 침투하고 있다. … 우리는 OAS[알제리 독립에 반대한 프랑스 테러리스트들의 조직 — 지은이]가 설치던 시절을 다시 경험하고 있다.[81]

그렇게 점잖은 입장은 토지 개혁 이후 이슬람주의자들에게 돈을 대 준 계급들의 이익에 딱 들어맞는 것이었다. 그것은 또 FIS 소속의 성공한 프티부르주아지 — 교수들, 기존 이맘들, 고등학교 교사들 — 의 입맛에 맞는 입장이기도 했다. 그리고 옛 집권당인 FLN과 결탁한 덕분에 시골에서 농업 자본가나 중소

기업인으로 성공할 수 있었던 사람들도 그런 입장에 매력을 느꼈다. 그러나 이 입장은 FIS를 구원 세력으로 여긴 도시 빈민 대중을 만족시키지 못했고 지배계급과 군부가 FIS 정부를 받아들이도록 만들지도 못했다.

1991년 5월 말 FIS의 선거 승리를 받아들이느니 차라리 선거를 무산시키겠다는 군부의 위협에 직면한 FIS 지도자들은 완전히 태도를 바꿔 "1988년 10월을 연상시키는 진정한 봉기를 시작했다. 화염병과 최루탄, 바리케이드가 등장했다. 카리스마가 있는 이맘인 알리 벨하지는 수만 명의 시위대를 거리로 불러냈다."[82] 한동안 FIS가 알제 도심을 장악했고, 군부가 옹호하는 끔찍한 사회의 대안은 이슬람과 지하드뿐이라고 여긴 압도 다수의 청년들이 FIS를 지지했다.

사실, FIS의 힘이 강해질수록 FIS는 명망 추구와 봉기 사이에서 오락가락했다. 1991년 3월 FIS는 대중에게 파업을 벌여서는 안 된다고 말했다가 두 달 뒤인 5월에는 국가를 전복하라고 대중에게 호소했다.

그때 이후 도시와 농촌에서 게릴라 투쟁이 점차 격화하자 똑같은 모순이 이슬람주의 운동 안에서 등장했다. "아바시 마다니와 알리 벨하지에게 징역 12년이 선고되자 … FIS는 빠르게 급진화했고 FIS의 기층은 분열했다. FIS 조직원과 지지자 수천 명이 사하라 사막의 수용소에 수감되자 도시에서는 테러가, 농촌에서는 게릴라전이 널리 퍼졌다."[83] 두 개의 무장 조직, 무장이슬람운동(MIA, 나중에 AIS로 이름을 바꿈)과 무장이슬람그룹(GIA)이 출현했고, 이들은 머지않아 알제리 전역의 무장 단체들의 지지를 받았다. 그러나 지하 운동들의 특징은 '내부 분열'이었다.[84]

> '사악한 정권'의 대표자들만 처형하는 MIA의 이른바 '온건함'에 반대해서 GIA는 극단적 지하드를 추구한다. 그 지하드의 희생자들은 기자·작가·시인·페미니스트·지식인 등이고 … 1993년 11월 이후 온건파 이슬람 이맘과 베일을 착용하지 않은 여성 32명이 살해당했다. …
> MIA와 GIA의 분파 투쟁 때문에 수십 명이 죽었다. … 테러리스트 7명의 죽음을 그런 분파 투쟁 탓으로 돌리는 사람들도 있고 경찰 암살단 탓으로 돌리는 사람들도 있다. … [85]

GIA는 FIS의 역대 지도자들이 샤리아를 철저하게 실행하겠다는 자신들의 강령을 포기한 배신자, 기회주의자라고 비난한다.[86]

분열

이집트와 알제리 이슬람주의의 경험은 두 가지 서로 다른 문제를 둘러싸고 그들이 어떻게 분열할 수 있는지 보여 준다. 첫째, 다소 평화적으로 기존 사회를 개혁하는 노선을 추구할 것인가 아니면 무기를 들 것인가. 둘째, 국가를 변화시키기 위해 투쟁할 것인가 아니면 사회에서 '불경스런 요소들'을 일소할 것인가.

오늘날 이집트의 무슬림형제단은 국가를 겨냥한 개혁 정책을 바탕으로 하고 있다. 그들은 기존 사회 안에서 세력을 키워 국회의원이나 자체 언론을 거느린 합법 야당이 되고, 다양한 중간 계급 전문직 단체들을 통제하고, 사원들과 이슬람 자선단체들을 통해 더 광범한 대중에게 영향을 미치려고 노력한다. 또, 기존 정권이 샤리아를 국법 체계에 통합하도록 캠페인을 벌이는 등 이슬람의 경건함을 강요하는 투쟁을 강조하는 경향이 있다.

이 전략은 투옥되거나 망명한 알제리 FIS의 일부 지도자들에게도 매력적인 듯하다. 1994년 초 몇 달 동안 그들과 정권의 일부 인사들이 협상을 벌였다는 보도가 있었다. 권력을 공유하고 샤리아의 일부를 시행하기 위한 협상이었다. 그래서 1994년 4월에 〈가디언〉은 FIS의 망명 지도자인 라바흐 케비르가 새 알제리 총리로 '기술 관료'인 레드하 말렉이 임명된 것을 '긍정적 조치'라며 환영했다고 보도할 수 있었다.[87] 그것은 FIS가 알제리 정부와 IMF의 최근 정책 합의를 비난한 지 겨우 이틀 뒤였다.[88]

몇몇 예리한 전문가들은 그런 거래야말로 알제리 부르주아지가 불안정한 상황을 종결하고 자신들의 지위를 보존할 수 있는 최상의 방안이라고 생각한다. 그래서 후안 고이티솔로는 알제리 군부가 1991년 선거 뒤에 FIS의 정부 구성을 허용했다면 수많은 난제들에서 빠져나올 수 있었을 것이라고 주장한다.

> FIS가 집권했더라도 국내외 조건들 때문에 자신들의 강령을 실행하기가 아주 힘들었을 것이다. 알제리의 외채, 유럽과 일본 자본에 대한 금융 종속, 경제적 혼란, 적대적 무장 세력의 존재 등은 FIS 정부가 극복하기 힘든 장애물이었을 것이다. … FIS가 선거 공약을 이행할 수 없으리라는 것은 불을 보듯 뻔했다. 그토록 불리하고 빡빡한 조건이라면 FIS 정부는 겨우 1년 만에 상당한 지지율 하락을 경험했을 것이다.[89]

'이슬람 개혁주의'는 특정한 주요 사회 집단의 필요에 딱 들어맞는다. 전통적 지주와 상인, 새로운 이슬람 부르주아지(사우디아라비아에서 거액을 모은 무슬림형제단의 자본가들 같은), 신분 상승을 경험한 이슬람주의 신중간계급 일부가 바로 그들이다. 그러나 '이슬람 개혁주의'는 그동안 이슬람주의에 기대를 걸어 온 다른 계층들은 만족시키지 못한다. 학생들과 학생 출신 빈민들, 도시 빈민이 바로 그들이다. 무슬림형제단과 FIS가 타협에 의존할수록, 그런 계층들은 코란 시절의 이슬람으로 돌아가자는 요구가 희석되는 것을 배반이라고 생각하고 다른 곳으로 눈을 돌리기 마련이다.

그러나 '이슬람 개혁주의'에 대한 이들의 대응은 서로 다른 방향으로 나아갈 수 있다. 이들은 사회와의 단절 전략을 주장하면서 국가에 대해 수동적 태도를 취할 수 있다. 그리 되면 국가와의 정면 대결이 아니라 소수의 이슬람교도들에게 설교하고 그들을 정화하는 것을 강조하게 된다. 이것은 1970년대 중반 이집트 슈크리 집단의 원래 전략이었고, 오늘날 국가 권력을 의식하는 일부 급진적 설교자들의 태도이기도 하다.

아니면 이들은 무장 투쟁을 추구할 수도 있다. 그러나 평화적 투쟁이 국가를 겨냥하는 것일 수도 있고 불경스런 자들만을 겨냥하는 것일 수도 있는 것과 꼭 마찬가지로, 무장 투쟁도 국가 전복을 위한 무장 투쟁일 수도 있고 수많은 사람들 가운데 '이슬람의 적들' — 소수 민족이나 종교 집단, 베일을 착용하지 않은 여성들, 외국 영화, '문화 제국주의'의 영향 등 — 을 겨냥한 무장 행동일 수도 있다. 상황 논리 때문에 사람들이 국가에 맞서는 무장 투쟁을 선택하는 것처럼 보일 수도 있다. 그러나 그에 역행하는 강력한 대항 논리도 작용하고 있고, 그것은 이슬람주의를 추구하는 사람들의 계급 구성에서 비롯한다.

앞서 봤듯이, 이슬람주의를 지지하는 착취 계급들은 자연히 더 개혁주의적인 방식으로 이끌린다. 심지어 무기를 드는 것 말고는 선택의 여지가 거의 없다고 생각할 때조차 그들은 더 광범한 사회 불안을 최소화하는 방식으로 그렇게 하기를 원한다. 그들은 대중 행동이 아니라 쿠데타를 선호한다. 그리고 원치 않는 대중 행동이 분출한다면, 그 대중 행동을 최대한 빨리 끝장내기 위해 애를 쓴다.

가난한 신(新)프티부르주아지는 무장 투쟁이라는 전망 쪽으로 훨씬 더 많이 끌릴 수 있다. 그러나 그들 자신의 주변화된 사회적 지위 때문에 그런 전망을 파업 같은 대중 투쟁의 발전과 결부시켜 생각하지 못한다. 오히려 그들은 소규모 무장 집단의 음모에 의존한다. 그런 음모는 그들이 원하는 혁명적 변화를 가져다주지 못한다. 심지어, 사다트 암살에서 드러나듯이, 직접적 목표 달성에 성공할 때조차 그러지 못한다. 음모는 기존 사회에 엄청난 혼란을 초래할 수 있지만, 사회를 혁명적으로 변화시킬 수는 없다.

그 점은 1917년 전에 러시아의 포퓰리스트들이 경험한 것이다. 그리고 1960년대 말에 게바라주의와 마오주의에 의존했던 제3세계 전역의 학생들과 학생 출신 세대가 경험한 것이기도 하다(그리고 그 후예들이 아직도 필리핀과 페루에서 투쟁하고 있다). 오늘날 이집트와 알제리에서 국가에 대항해 무장 투쟁을 벌이는 이슬람주의자들도 그런 경험을 하고 있다.

이런 곤경에서 빠져나올 수 있는 길은 이슬람주의자들이 오늘날의 도시 빈민 중에서 주변화되지 않은 집단들 — 중대 규모 산업에 고용된 노동자들 — 을 기반으로 삼는 것뿐이다. 그러나 이슬람주의의 기본 개념 때문에 이것은 거의 불가능하다. 심지어 가장 급진적인 형태의 이슬람조차도 부자와 빈민을 화해시키는 공동체(움마)로 돌아가자고 설교하지 부자들을 타도하자고 설교하지는 않기 때문이다. 그래서 FIS의 경제 강령이 '서구 자본주의'의 대안이랍시고 제시하는 청사진은 '국내의 필요'를 위해 생산하는 '중소기업'이다. 그러나 그것은 전 세계의 수많은 보수 정당들과 자유주의 정당들의 선거 공약과 거의 차이가 없다.[90] 그리고 FIS가 1990년 여름에 '이슬람 노동조합' 건설을 추진하면서 '노동자들의 의무'를 강조한 이유는 옛 정권이 노동자들에게 너무 많은 권리를 보장해서 "노동자들이 일하지 않는 풍토에 길들여졌기" 때문이라는 것이었다. FIS는 이슬람 경전에는 계급투쟁이라는 말이 없기 때문에 계급투쟁은 "이슬람에 존재하지 않는다"고 주장했다. 코란에서 무슬림은 자신의 가내 노예들을 '형제'처럼 대해야 한다고 말한 것처럼, 고용주도 노동자들을 그렇게 대하면 된다는 것이다.[91]

이슬람주의자들이 지역에서는 10퍼센트나 기반을 다질 만큼 강력했음에도 공장들에서는 전혀 기반을 구축하지 못했다는 것도 놀라운 일은 아니다. 그러나 그런 기반이 없다면 그들은 결코 사회 변화의 방향을 원하는 대로 좌우할 수 없다. 기존 정권을 무너뜨리는 데 성공하더라도 말이다. 주변화된 사회 집단들은 이미 불안정한 체제 안에서 이따금 거대한 위기를 불러일으킬 수 있지만, 그 위기를 해결할 수는 없다.

이슬람주의 조직들이 기존 정권들 가운데 한 곳에서 그런 위기를 불러일으키고 그래서 그 지도자들을 쫓아낼 수 있을지도 모른다. 그러나 그런 지도자들 밑에서 번영을 누려 온 지배계급이 권력을 유지하기 위해 덜 전투적인 이슬람주의자들과 거래하는 것을 막지는 못한다. 그리고 그런 위기에 이르기도 전에 전투적 이슬람주의자들 자신이 국가 탄압 때문에 엄청난 인명 피해를 당할 수 있다.

이런 압력 때문에 그들 중 일부는 정권에 대한 직접 공격에서 방향을 바꿔 '불경스런' 자들과 소수자들에 대한 공격이라는 더 쉬운 과제 쪽으로 돌아선다. 그런 태도 덕분에 그들은 다시 주류 '온건' 개혁주의 이슬람주의자들과 더 가까워질 수 있다.

사실, 이슬람주의 안에는 특정한 변증법이 작용하고 있다. 국가에 반대하는 전투적 이슬람주의자들은 전면적 무장 투쟁이 실패하면 뒤늦게 몸을 사리면서 이슬람의 관행을 직접 대중에게 또는 이슬람 개혁주의를 통해 강요하는 투쟁 쪽으로 돌아선다. 그러나 이슬람의 관행을 강요하는 것이든 이른바 사회 개혁이든 이슬람주의에 기대를 거는 사회 계층의 엄청난 불만을 달랠 수 없다. 그래서 새로운 투사들이 끊임없이 나타나고 분열해 다시 무장 투쟁 노선으로 돌아가지만, 그들 역시 능동적인 사회적 기반과 분리된 무장 투쟁의 한계를 절감할 뿐이다.

이슬람 개혁주의의 한계를 알게 됐다고 해서 자동으로 혁명적 정치로 나아간다는 보장은 없다. 오히려 개혁주의의 한계를 느끼고, 대중 기반 없이 행동하려는 테러리즘이나 게릴라주의로 나아가거나 아니면 체제의 문제가 아니라 속죄양을 공격하는 반동적 방향으로 나아간다. 그리고 이 각각의 태도가 똑같은 종교 언어로 표현되기 때문에, 둘이 서로 겹치기 일쑤다. 정권과 제국주의를 공격하려던 사람들이 콥트교도, 베르베르족, 베일을 착용하지 않은 여성들을 공격한다. 체제 전체를 본능적으로 증오하는 사람들이 국가의 샤리아 강요를 둘러싼 협상을 원하는 함정에 빠지고 만다. 그리고 경쟁 집단 사이에 분열이 있는 곳에서는 — 때로는 경쟁이 너무 격렬해서 서로 상대방을 배교자(진정한 이슬람을 배신한 자)로 몰아 살해하기 시작한다 — 그런 분열의 표현 방식이 그 이면의 진정한 사회적 원인을 흐리게 만든다. 신분 상승에 성공한 어떤 이슬람주의자가 투쟁을 포기한다면, 그것은 그가 개인적으로 '나쁜 무슬림'(또는 심지어 배교자)이라는 것을 입증할 뿐이다. 그렇다고 해서 다른 성공한 이슬람주의자가 '좋은 무슬림'이 될 수 없는 것은 아니다.

이란의 경험

사회주의에 대한 논쟁이 스탈린주의를 중심으로 진행됐듯이,

이슬람 부흥주의에 대한 논쟁의 중심은 이란 정권이다. 그리고 흔히 좌파조차도 매우 비슷한 결론을 끌어낸다. 한때는 스탈린주의자들이 가장 위험한 정치 세력으로 보였던 것처럼, 이슬람주의자들이 전체주의를 강요해 일체의 진보적 발전을 가로막을 것처럼 보인다. 그래서 그들을 저지하기 위해서는 좌파가 자유주의 부르주아지와 단결해야 하거나,[92] 심지어 이슬람주의 조직들을 탄압하는 비민주적 국가들을 지지해야 하는 것처럼 보인다.[93] 그런 견해는 이슬람주의의 응집력을 과대평가하고는 그 응집력이 역사적 사건들을 좌우할 수 있는 이슬람주의자들의 능력 덕분이라고 보는 것인데, 사실 이슬람주의는 그런 능력을 갖고 있지 않다. 그리고 그런 견해의 바탕에는 1979년 이란 혁명 기간과 그 이후 이슬람이 한 구실에 대한 오해가 자리 잡고 있다.

그 혁명은 이슬람주의의 산물이 아니라 1970년대 중반 샤 정권에서 생겨난 엄청난 모순들의 결과였다. 국가와 연결된 현대적 자본 부문과 바자를 중심으로 한 더 '전통적인' 다른 자본 부문(도매 거래의 3분의 2와 소매 거래의 4분의 3을 차지하는) 간의 심각한 분열이 경제 위기 때문에 증폭되고 있었고, 다른 한편에선 최근 도시로 몰려든 농민 출신 빈민의 압도 다수와 노동자 대중의 불만이 점증하고 있었다. 지식인과 학생들의 항의 시위가 군경과의 대규모 충돌로 이어졌다. 파업 물결 때문에 산업과 주요 유전 지대가 모두 마비됐다. 그러다가 1979년 2월 초에 페다인의 좌파 게릴라들과 인민 무자헤딘의 좌파 이슬람주의 게릴라들이 군대 내에서 대규모 폭동을 조장하는 데 성공했고, 이것은 낡은 정권의 혁명적 붕괴를 초래했다.

성장하는 운동은 대부분 망명한 이슬람주의자 아야톨라 호메이니와 연관을 맺고 있었다. 그의 이름은 왕정 반대의 상징이었고, 프랑스 파리 근교에 있던 그의 집은 다양한 세력 — 바자 상인들과 그들과 가까운 성직자들, 자유주의 부르주아 야당 세력, 전문직 단체들, 학생들과 심지어 좌파 게릴라들 — 이 서로 접촉하는 거점 구실을 했다. 1979년 1월 테헤란으로 돌아온 호메이니는 혁명의 상징적 지도자가 됐다.

그러나 이 단계에서 그는 아직 사태를 통제하지 못하고 있었다. 비록 그가 예리한 정치 전술 감각의 소유자였지만 말이다. 샤를 무너뜨린 핵심 사건들 — 파업의 확산과 군대 내 폭동 — 은 호메이니와 전혀 무관하게 벌어졌다. 그리고 혁명 후 몇 달 동안 호메이니는 다른 사람들과 마찬가지로 혁명적 격변에 단일한 권위를 강요할 수 없었다. 여러 도시들에서 다양한 위원회(코미테흐)들이 사실상 권력을 행사하고 있었다. 대학은 좌파와 무자헤딘이 장악하고 있었다. 공장에서는 쇼라(공장 평의회)들이 경영진과 통제권을 다투고 있었고, 샤 정권과 관련된 경영진을 쫓아내고 자신들이 생산 조직을 접수하는 경우도 흔했다. 소수 민족들이 사는 지역들 — 북서부의 쿠르디스탄과 아랍어 사용권인 남서부의 후제스탄 — 에서는 민족 자결권을 쟁취하려는 투쟁이 시작됐다. 그리고 최상층부에서 이 과정을 지켜보는 기구는 하나가 아니라 둘이었다. 임시정부를 이끈 사람은 현대적 부르주아지 부문과 연계된 '온건' 이슬람주의자 바자르간(그는 1950년대에 이슬람 학생들의 단체를 창설했고 그 뒤 이슬람공학도협회를 창설했다)이었다. 그러나 호메이니가 임명한 혁명 평의회도 대안적 권위의 중심으로 기능하고 있었다. 혁명 평의회 주변에는 시장 상인들과 연계된 성직자들과 이슬람주의 지식인들이 포진해 있었다.

호메이니를 중심으로 뭉친 집단이 결국 자신들과 이슬람공화당(IRP)만의 권력을 수립할 수 있었다. 그러나 2년 반 동안 서로 다른 사회 세력들 사이에서 온갖 책략을 부린 뒤에야 그렇게 할 수 있었다. 그 사회 세력들은 사실 호메이니 집단을 쉽게 압도할 수도 있었다. 1979년 거의 내내 호메이니 집단은 공장 내의 쇼라들과 분리주의 민족 운동들을 진압하기 위해 바자르간과 협력했다. 그들은 이슬람의 언어를 이용해 룸펜프롤레타리아를 폭력 집단으로 조직·동원했고, 그 폭력 집단 헤즈볼라는 좌파를 공격하고 이슬람의 '도덕성'(예컨대, 베일 착용을 거부하는 여성들에 반대하는)을 강요하고 군에 입대해 분리주의적 반란들을 진압했다. 거대한 혁명적 격변 뒤에 부르주아 사회의 '정상'을 복원하려는 시도에서 늘 나타나듯이, 야만적 탄압 사례들도 있었다(예컨대, '성범죄' — 동성애와 간통 — 를 저지른 사람 약 100명을 처형하고,

일부 좌파 활동가들을 살해했으며, 소수 민족 시위대에게 발포했다). 그러나 1979년 초가을에 IRP의 전반적 대차대조표는 그다지 긍정적이지 않았다. 한편으로 그들이 혁명을 제어하는 데 성공함에 따라 바자르간 집단의 입지도 강화했는데, 둘은 점차 사이가 틀어지고 있었다. 바자르간 운동에 대한 연구가 보여 주듯이,

> 샤의 몰락 1년 뒤 분명해진 사실은 그들[바자르간 운동 — 지은이]이 지지하는 더 교양 있는 중간계급들과 정치 세력들이 급속하게 영향력을 확대하면서 대중 매체, 국가 기구, 특히 교육 기관의 주요 직책들을 지배하고 있다는 것이었다. … 이슬람 세력들의 단결이 무너지자 이슬람 위원회들은 조직 노동자 압도 다수의 지지를 받을 수 없게 됐다.[94]

다른 한편으로, 호메이니파의 통제를 벗어날 우려가 있는 소요도 증대하면서 세속적 좌파와 이슬람주의 좌파 모두 크게 성장했다. 1979년 8월 좌파에 대한 최초의 탄압 물결에도 불구하고 좌파는 학생들 사이에서 우위를 차지하고 있었다. 당시의 탄압으로 공장의 쇼라들도 약해지기는 했지만, 여전히 많은 쇼라들이 1년 동안 힘을 잃지 않았고,[95] 노동자들의 투지도 꺾이지 않았다. "파업·농성·점거 형태"의 투쟁이 1979~80년에 360건, 1980~81년에 180건, 1981~82년에 82건 있었다.[96]

IRP는 1979년 11월에 급격한 방향 전환을 통해서만 다시 통제력을 회복할 수 있었다. 페다인이나 인민 무자헤딘이 아니라 자신들을 추종하는 소수의 학생들을 동원해 미국 대사관을 점거하고 그 직원들을 인질로 잡아 세계에서 가장 중요한 제국주의 강대국과 한판 대결에 나선 것이다. 이 시기에 대한 또 다른 연구서는 이렇게 말한다. "몇 주 전만 해도 다른 학생들에게 반동적 광신도 취급을 받았던 '이슬람협회'의 원리주의자 학생들이 이제는 가장 헌신적인 혁명가들로 대접받고 기자들과 인터뷰하기 위해 대사관 문 앞에 나타날 때마다 대중의 열광적 환영을 받았다."[97]

IRP는 외견상 급진적인 반제국주의 태도로 전환함과 동시에 작업장 정책들도 급진적으로 변경했다. 과거의 경영진 다수를 방어하던 태도를 버리고 이제는 그들을 제거하자고 선동하기 시작했다. 물론 그들의 권력을 인수할 주체는 공장 평의회들이 아니라 이슬람 평의회들과 협력하게 될 '이슬람 경영진'이었고, 이슬람 평의회에서는 좌파와 무자헤딘이 '이교도'로서 자동으로 배제될 터였지만 말이다.

이런 급격한 방향 전환 덕분에 IRP는 다시 인기를 끌 수 있었다. 바자르간 집단이 오래전부터 샤에 반대하면서 주장했던 반제국주의를 IRP가 실행한 반면, 바자르간 집단 자체는 이제 미국과 이란의 새로운 관계를 강화하기 위해 반제국주의를 포기한 것처럼 보였다. IRP는 또 혁명 후 몇 달 동안 세속적 좌파와 이슬람주의 좌파 둘 다 제기한 가장 인기 있는 주요 슬로건들에 맞게 행동하고 있었다.

> 미국 대사관 점거는 원리주의자들이 일부 난관을 극복하는 데 도움이 됐다. … 그 결과는 더 교양 있는 중간계급이 장악하고 통제하는 주요 기구들을 성직자들이 장악하고 그들의 정책을 시행해야 한다고 주장해 온 집단들에게 도움이 됐다. 성직자들을 추종하는 학생들이 미국 대사관을 점거했을 때, 전에는 '반동주의자' 취급을 받던 사람들이 이제는 현대주의 세력과 세속주의 세력을 모두 쓸어버릴 수 있는 지도적 혁명가들로 다시 나타났다. … 그것은 새로운 연합의 시작이었다. 그 연합의 지도자들은 특정 성직자들 및 그들과 연결된 시장 상인들이었고, 하층 중간계급과 도시 하층 계급 출신들이 그 연합의 주요 간부들이었다.[98]

호메이니 집단은 단순히 인기를 끌었을 뿐 아니라 과거의 '비(非)이슬람' 경영진과 공무원들을 교체하거나 적어도 교체하겠다고 위협함으로써 훨씬 더 광범한 자체의 기반을 창출하기도 했다. 경제·언론·군대·경찰 분야를 새로운 계층이 통제하기 시작했고, 그들은 호메이니가 해석한 이슬람주의를 선동할 수 있는 능력에 의존해 출세 가도를 달렸다. 그리고 과거의 위계적 권력 구조에서 살아남은 자들은 IRP 노선을 추종함으로써 자신들도 이슬람주의자 자격이 있음을 입증하기 위해 애를 썼다.

호메이니 집단은 위계적 권력 구조를 장악하기 위한 투쟁에서 광범한 중간계급 부문 — 시장에 기반을 둔 전통적 프티부르주아지와 1세대 신중간계급의 다수 — 을 끌어모아 자신들을 지지하게 만들 수 있었다. 그들의 성공 비결은 자신들을 따르는 사람들이 사회의 모든 수준에서 종교적 열정과 개인적 출세를 결합시키도록 만들 수 있었다는 것이다. 전에는 외국계 회사의 보조 관리자였던 사람이 이제는 국가 통제 아래서 그 회사를 운영하면서 공동체(움마)에 봉사하는 자신의 종교적 의무를 이행하고 있다고 느낄 수 있었다. 룸펜프롤레타리아 사이에서 찢어지게 가난하게 살던 사람이 이제는 헤즈볼라 집단을 이끌고 사회에서 '더러움'을 씻어 내고 '이교도 공산주의자들'을 제거하려고 노력함으로써 물질적 안정과 자아실현 둘 다 성취할 수 있게 됐다.

호메이니 노선을 선택한 사람들에게 열린 기회는 엄청난 것이었다. 혁명적 격변의 초기 몇 달 동안 내·외국인 경영자들과 기술자들이 이란에서 빠져나갔다. 이 때문에 13만 개의 일자리가 생겨났다.[99] 게다가 '비이슬람' 경영자들과 공무원들, 군 장교들을 숙청했기 때문에 엄청나게 많은 일자리가 더 생겨났다.

호메이니 집단이 반대파들을 쫓아내고 1당 지배 체제를 수

립한 방식에서 흥미로운 것은 거기에 특별히 이슬람주의적이라고 할 만한 것이 전혀 없었다는 점이다. 호메이니 체제의 종교적 편협함에 질겁한 많은 사람들의 주장과 달리, 호메이니 체제는 '이슬람 원리주의'의 어떤 '비합리적' 또는 '중세적' 특징의 결과가 아니었다. 사실, 그것은 프티부르주아지를 기반으로 하는 정당들이 세계 여러 나라에서 실행한 것과 매우 비슷했다. 그것은 예컨대, 1945년 이후 많은 동유럽 나라의 취약한 공산당들이 정권을 장악할 때 사용한 방식이었다.[100] 그리고 이데올로기적 열정과 개인적 출세를 결합한 프티부르주아의 전형은 발자크의 소설 《고리오 영감》에서 찾아볼 수 있다. 혁명적 격변 때문에 발생한 물자 부족을 이용해 떼돈을 번 금욕적 자코뱅 당원 말이다.

직위를 얻기 위한 투쟁을 중심으로 프티부르주아지를 조직하는 것에 바탕을 둔 정당이 아무 때나 권력을 잡을 수 있는 것은 아니다. 그런 노력이 대개 아무 결실도 맺지 못하는 이유는 프티부르주아 집단이 너무 취약해서 자신들이 통제할 수 없는 사회의 대중을 동원하지 않고서는 옛 지배계급의 권력에 도전할 수 없기 때문이다. 그래서 1974~75년의 포르투갈 혁명 당시 위계적 권력 구조 속으로 침투하려던 공산당의 노력은 한편으로 주요 서방 자본주의 열강들의 저항과 다른 한편으로 아래로부터 분출한 노동자들의 전투성에 부딪혀 무산되고 말았다. 그런 노력이 유효할 수 있는 조건은 특수한 역사적 이유들 때문에 주요 사회 계급들이 마비되는 경우뿐이다.

토니 클리프가 중요한 마르크스주의 분석 글에서 썼듯이, 옛 지배계급이 너무 취약해서 경제 위기와 아래로부터의 반란에 부딪혀 권력을 유지할 수 없는 반면 노동계급은 운동을 지도할 수 있는 독자적 조직을 갖고 있지 못할 경우 인텔리겐치아 집단이 사회 전체의 문제를 해결할 사명감을 느끼고 권력 장악에 도전할 수 있다.

> 인텔리겐치아는 자기 나라가 기술적으로 뒤처진 것에 민감하다. 그들은 20세기의 과학기술 세계에 들어서면서 자기 조국의 후진성에 숨이 막힐 지경이다. 그런 감정을 증폭시키는 것은 그런 나라들에 풍토병처럼 번진 '정신적 실업'이다. 일반적인 경제적 후진성을 감안할 때, 학생들의 유일한 희망은 관직을 얻는 것이지만 그들을 모두 채용할 수 있을 만큼 관직이 충분한 것도 아니다.
>
> 지식인들의 정신적 삶도 위기에 처해 있다. 전통이 해체되고 질서가 무너져 내릴 때 그들은 불안해하고 동요하며 확고한 가치가 없다고 느낀다.
>
> 문화적 해체는 새로운 통합에 대한 강력한 동기를 유발한다. 그러한 통합이 사회적·정신적 공백을 메우려면 완전하고 역동적이어야 하며 종교적 열정과 전투적 민족주의를 결합해야 한다. 그

들은 민족을 단결시키고 원대한 전망을 제시함과 동시에 자신들에게 권력을 가져다줄 역동적 운동을 찾는다.

그들은 위로부터의 개혁을 원한다. 자기의식적이고 자유롭게 연합한 사람들의 해방 투쟁이 자체적으로 새 세계를 만들어 내는 것이 아니라 자신들에게 감사하는 사람들에게 자신들이 새 세계를 선사하는 것을 아주 좋아한다. 그들은 자기 민족을 지지부진하고 침체된 상태에서 끌어낼 수 있는 조처들을 갈망하지만 민주주의는 별로 좋아하지 않는다. … 이 모든 것 때문에 지식인들은 전체주의적 국가자본주의를 아주 매력적인 목표라고 생각한다.[101]

이것은 제3세계에서 스탈린주의·마오주의·카스트로주의가 인기를 끄는 것에 대해 쓴 구절이지만, 이란의 호메이니를 위시한 이슬람주의 인텔리겐치아에게도 딱 들어맞는 말이다. 그들은, 많은 좌파 평론가들이 잘못 알고 있는 것과 달리, '후진적이고' 시장에 기반한 전통적인 '기생적' '상업 자본'의 표현만은 아니었다.[102] 그들은 고전적 부르주아 반혁명의 표현만도 아니었다.[103] 그들은 자본주의적 생산관계는 그대로 남겨 두면서도 자본의 소유와 통제를 혁명적으로 재조직하기 시작했고, 샤의 측근들이 소유했던 대규모 자본을 자신들이 통제하는 국가와 준(準)국가 기구들의 수중에 집중시켰다. 물론 '피억압자들'의 이익을 위해,

샤 자신의 경제적 제국을 접수해 만든 법인에 무스타파진('피억압자들') 재단이라는 이름을 붙이기도 했다. 바야트가 말하듯이,

> 성직자들의 권력 장악은 혁명 이후 국가에서 권력의 공백을 반영한 것이었다. 프롤레타리아든 부르주아지든 정치적 헤게모니를 행사할 수 없었다. 그들이 무능력했던 이유는 그들의 역사적 발전 과정에서 찾아야 하는데, 그것을 보면 프롤레타리아와 부르주아지 둘 다 취약했음을 알 수 있다.[104]

다시 말해, 클리프가 제3세계 인텔리겐치아에 대해 썼듯이, "그들의 권력은 다른 계급들의 취약성, 그 계급들의 무능력과 직접 관계가 있다."[105]

국가와 자본을 독자적으로 통제하기 위해서 주요 사회 계급들 사이에서 줄타기를 해야 한다는 사실 때문에 호메이니 집단은 자신들만의 권력을 강화하기 위해 처음에는 좌파 조직들을, 그 뒤에는 기존 부르주아 조직들(예컨대, 바자르간)을 공격해야 했다. 그래서 1979년 당시 혁명의 물결을 가라앉히기 위해 좌파에 맞서 바자르간과 협력하다가 미국 대사관을 점거할 즈음에는 기존 부르주아지를 고립시키기 위해 좌파에게 손짓을 했던 것이다. 1980년대에는 또 다른 지그재그를 했다. 기존 부르주아지와 연결된 또 다른 이슬람주의 인사 바니 사드르에게 대통령 자리를

주고 그와 협력해 좌파의 보루인 대학들을 분쇄했다. IRP가 이슬람주의 폭력 집단 헤즈볼라를 대학에 투입해 '반(反)이슬람적 요소들'을 제거하자고 제안했을 때, 바니 사드르는 흔쾌히 동의했다.

> IRP 지도자들과 자유주의자들 모두 문화 혁명이라는 생각에 동의했다. 사람들을 동원해 대학에 투입하고 그들의 직접 행동을 통해 문화 혁명을 추진하자는 것이었다. … 자유주의자들은 그것이 공공 기관, 공장, 농촌 지역에서 좌파 선동가들을 제거하는 수단이라고 생각했다. 그리 되면 경제적·정치적 안정이 회복될 수 있을 것이라고 본 것이다. …
> 헤즈볼라 단원들이 대학에 침입해 문화 혁명에 저항하는 정치 단체 조직원들을 살해하고 부상을 입혔으며, '비이슬람적'이라고 생각되는 책자와 신문들을 불태웠다. 정부는 3년 동안 모든 대학을 폐쇄하고 그 기간에 대학의 교육 과정을 다시 짰다.[106]

그러나 이때조차도 호메이니파는 반제국주의 용어를 써 가며 자신들의 행동을 정당화하는 등 '좌파' 이미지를 계속 유지했다. 그들은 '이슬람의 가치들'을 강요하는 투쟁이 '문화 제국주의' 반대 투쟁에서 핵심적이라고 주장했고, 이에 반발하는 좌파는 사실상 제국주의를 도와주는 셈이라고 주장했다.

그들이 이런 주장을 거리낌 없이 펼친 데는 외부의 사태 전개가 한몫했다. 그 몇 달 동안 미국은 무장 헬기를 투입해 대사관을 탈환하려 했지만 실패했고(사막에서 헬기들끼리 서로 부딪혀 추락했다), 바레인에서 시아파가 반정부 시위를 벌였으며, 사우디아라비아의 유전 지대인 하사 지방에서 친호메이니 폭동이 일어났고, 무장한 수니파 이슬람주의자들이 메카의 대사원을 점거했으며, 이라크의 사담 후세인이 미국과 걸프 지역 왕국의 비위를 맞추기 위해 이란 침략을 감행했다. 호메이니파는 혁명이 제국주의와 결탁한 세력들의 공격을 받고 있다고 주장했고(옳은 말이었다), 자신들만이 그런 공격에 맞서 혁명을 수호할 수 있다고 주장했다(틀린 말이었다). 호메이니 자신이 그런 공격을 '신의 선물'이라고 말한 것도 놀라운 일은 아니었다. 1980~81년 겨울에 침략군에 맞서 총력 동원을 해야 했기 때문에 호메이니 지지자들은 좌파와 바니 사드르 그룹을 모두 탄압하며 자신들의 지배력 강화를 정당화할 수 있었고, 1981년 6~7월 마침내 둘 모두 분쇄하고 거의 전체주의적인 체제를 확립할 수 있었다.

그렇다면 좌파는 왜 IRP의 득세를 저지할 수 없었을까? 돌아보면, 당시 좌파가 '진보적' '자유주의' 부르주아지와 동맹해야 한다는 점을 이해하지 못한 것이 잘못이라는 주장이 널리 퍼져 있다. 핼리데이가 그렇게 주장했다.[107] 그러나 앞서 봤듯이, 바자르간과 그 뒤 바니 사드르가 이끌던 자유주의 부르주아지는 호메이니와 결탁해 공장의 쇼라에 반대하는 캠페인을 벌였고 대학 숙청 캠페인도 벌였다. 둘을 분열시킨 것은 좌파에 대항한 투쟁에서 성공의 열매를 누가 가질 것인가 하는 것이었다. 바니 사드르는 자신이 결국 패배했음을 깨달은 뒤에야 인민 무자헤딘의 좌파 이슬람주의자들과 손잡고 호메이니 정권 전복에 나섰다가 실패했다.(흥미롭게도 바자르간은 그렇지 않았다. 바자르간의 정당은 계속 합법적으로 활동했지만 성과는 거의 없었다.)

호메이니파는 좌파를 분쇄한 뒤에 기존 부르주아지에 맞서 반제국주의적 미사여구를 이용해 도시 빈민을 동원할 수 있었기 때문에 이른바 '자유주의' 부르주아지를 이길 수 있었다. 그들은 대중의 고통스런 생활과 부유층의 '비이슬람적' 생활 방식의 명백한 차이를 이용할 수 있었다. 좌파가 그런 책략에 저항할 수 없었던 이유는 서구화된 부르주아지 부유층과 같은 편에 섰기 때문이다.

호메이니파의 기반을 정말로 무너뜨릴 수 있는 비결은 노동자들이 직접 투쟁에 나서도록 그들을 동원하는 것이었다. 그랬다면, 이른바 '자유주의' 부르주아지와 IRP 둘 다 수세로 몰아넣을 수 있었을 것이다.

노동자들의 투쟁은 샤를 무너뜨리는 데서 핵심 구실을 했고, 샤의 몰락 직후에 대규모 공장들에서 공장 평의회와 경영진 사이에 중요한 투쟁들이 벌어졌다. 그러나 일단 샤가 제거되자, 노동자들의 투쟁은 개별 공장의 한계를 넘어 모든 피착취·피억압 대중을 지도하는 데까지 나아가지 못했다. 공장 평의회는 1905년과 1917년의 러시아 소비에트와 비슷한 노동자 평의회가 결코 되지 못했다.[108] 그리고 그런 결함 때문에 임시직 노동자, 자영업자, 장인, 가난한 상인 — 호메이니파가 좌파에 맞서 종교적 구호들을 이용해 동원한 룸펜프롤레타리아 — 대중의 지지를 끌어모으는 데 성공할 수 없었다.

노동자 운동의 이런 약점은 객관적 요인들 탓도 있었다. 노동계급 자체가 현대적 대공장의 노동자들과 소규모 작업장(주로 소유주나 그 가족들이 운영하는)의 전통적 노동자들로 분열해 있었다. 노동자들이 사는 지역에는 흔히 가난한 프티부르주아지가 압도적으로 많았다. 1980년에 테헤란의 '상인, 중간상, 소상인'은 75만 명이었던 반면, 대규모 산업체의 노동자들은 약 40만 명이었다.[109] 압도 다수의 노동자들은 공장에 들어온 지 얼마 안 됐고 산업 투쟁의 전통도 거의 없었다. 노동자들의 80퍼센트가 농촌 출신이었고, 해마다 33만 명 이상의 농민이 도시로 몰려들었다.[110] 노동자들의 80퍼센트가 텔레비전을 갖고 있었지만, 겨우 3분의 1만이 제대로 글을 읽을 줄 알았고 그래서 그들만이 좌파 신문을 읽을 수 있었다. 마지막으로, 왕정의 극심한 탄압 때문에 작업장에서 오래전부터 활동해 온 투사들이 극소수였다.

그러나 노동자 운동이 더 광범한 대중 운동의 지도력을 장악하지 못한 것은 객관적 요인 탓만은 아니었다. 그것은 혁명 후 몇 달 동안 존재했던 상당한 좌파 세력의 정치적 결함 때문이기도 했다. 페다인과 인민 무자헤딘은 수천 명씩 참가한 집회들을 조직했고, 1980년 봄의 선거에서 무자헤딘은 테헤란에서 25퍼센트를 득표했다. 그러나 게릴라주의 전통을 갖고 있었던 페다인과 무자헤딘은 공장 주변 활동에 거의 신경 쓰지 않았다. 그들의 지지 기반은 공장 지역이 아니라 대학이었다. 그래서 인민 무자헤딘의 투쟁 '전선'은 다섯 개 — '무장 투쟁'을 준비하는 지하 조직, 청년 전선, 여성 전선, 시장 상인 전선, 노동자 전선 — 였지만, 분명히 노동자 전선에 우선권이 있지는 않았다.

더욱이, 대규모 좌파 조직들은 할 말이 거의 없었다. 심지어 노동자 활동가들이 가입했을 때조차 그랬다. 혁명의 초기 결정적인 8개월 동안 그들이 새 정권을 비판한 것은 매우 제한적이었고, 그것도 주로 정권이 제국주의에 도전하지 못하는 것을 비판했을 뿐이다. 예컨대, 인민 무자헤딘은

> 성직자들의 그림자 정부와 대결하지 않는 정책을 끈질기게 고수했다. 2월 말에 페다인이 테헤란 대학교에서 토지 개혁, 언론 검열 중단, 군대 해체를 요구하는 8만 명 이상의 시위를 조직했을 때, 무자헤딘은 그 시위에 참가하지 않았다. 그리고 3월 초에 서구식 교육을 받은 여성들이 세계 여성의 날을 축하하며 호메이

니의 포고령들 — 가족법을 폐지하고, 관공서에서 여성의 베일 착용을 강요하고, '덜 공평한 성(性)'[여성]을 사법부에서 밀어내는 — 에 반대하는 시위를 벌였을 때, 무자헤딘은 "분열을 조장하는 그런 쟁점들을 제국주의가 이용하고 있다"고 경고했다. 3월 말에 열성적 이슬람주의자들이 몽둥이를 휘두르며 반(反)성직주의 신문 〈아얀데간〉(Ayandegan)의 사무실을 공격했을 때, 무자헤딘은 침묵했다. 그들은 이슬람 공화국 수립에 대한 국민투표 보이콧과 쿠르드족의 자치 투쟁에 반대했다. 무자헤딘은 이맘 호메이니를 중심으로 국민이 단결하지 않으면 제국주의자들이 1953년의 거사*를 되풀이하려 할 것이라고 강조했다.[111]

8월에 무장 폭력배들이 페다인 본부를 공격했을 때 무자헤딘은 침묵했고 1979년 헌법 제정을 위한 전문가회의[국가지도자운영회의] 선거에서 IRP 후보들에 도전하지 않았다.

미국 대사관 점거 뒤에 좌파는 호메이니를 훨씬 덜 비판했다.

[호메이니는 — 지은이] 좌파를 완전히 분열시킬 수 있었다. 이제 그는 공장, 여성, 소수 민족 사이에서 발생하는 문제들이 모두 미국 제국주의 때문이라고 선언했다. 쿠르디스탄, 타브리즈, 토르카

* 민족주의적 모사데크 정부를 무너뜨리기 위해 미국 CIA가 사주한 군사 쿠데타.

만사흐라, 후제스탄에서 정부에 맞서 싸우고 있는 것은 미국 제국주의였다. 이슬람 법률에 반대하는 여성들은 미국과 시온주의 첩자들이었다. [호메이니가 쇼라를 이슬람화하려고 만든 기구인] 이슬람 쇼라에 저항하는 노동자들은 제국주의 첩자들이었다.

투데당은 호메이니의 주장을 받아들이고 그의 노선을 지지했다. 최대 좌파 조직들 — 페다인, 무자헤딘, 파이카르 — 도 투쟁을 회피하고, 자신들의 상당한 지지 기반이었던 전투적 노동자들, 여성과 소수 민족들을 포기했다.[112]

페다인의 다수와 투데당(친소련계 공산당)은 계속 호메이니를 지지했지만, 호메이니는 1982년에 권력을 확고하게 다진 뒤부터 그들을 공격했다.

시간이 흐를수록 좌파는 실수를 연발했다. 페다인의 다수는 미국 대사관 점거 이후 정권에 대한 비판을 전혀 하지 않았고, 인민 무자헤딘은 결국 정반대로 나아가 1980년 말(정권이 대학에서 자신의 지지자들을 공격한 뒤)에는 정권을 대놓고 반대하기 시작했다. 그러나 게릴라 전략에 따라 바니 사드르와 손잡고 직접적 권력 투쟁 — 대중의 일상 투쟁에 전혀 근거하지 않은 — 을 시작함으로써 정권의 손안에서 놀아나는 꼴이 되고 말았다. 대중 시위로 정권을 무너뜨리지 못하자, 그 지도자들은 망명을 떠난 반면 지하 조직의 활동가들은 정권의 주요 인사들에 대한 무장 공격을 감행했다. "1981년 6월 IRP 본부 폭파 사건으로 아야톨라 베헤슈티[IRP 의장 — 지은이]와 다른 IRP 지도자들과 간부들이 사망한 것을 빌미로 울라마[성직자들 — 지은이]는 반대파에 대한 테러 통치를 시작했고, 이는 현대 이란 역사에서 전례가 없는 것이었다."[113]

좌파는 대중의 눈에 반제국주의 구실을 하는 것처럼 비친 인물들을 암살하는 활동을 기존 부르주아지의 대표와 함께 벌였다. IRP를 지지하는 프티부르주아 빈민과 룸펜이 좌파를 공격하는 IRP 지도자들에 동조한 것도 결코 놀라운 일은 아니었다. IRP 지도자들은 혁명에 적대적인 제국주의 세력과 좌파가 협력하는 것처럼 묘사하기가 쉽다는 것을 깨달았다. 그런 주장은 이란-이라크 전쟁이 터지자 인민 무자헤딘이 이라크 군대의 이란 공격에 동조했을 때 훨씬 더 설득력을 얻게 됐다.

사실, 무자헤딘은 많은 제3세계 나라의 급진적 신(新)프티부르주아지 — 이슬람주의 정당으로 조직됐든 마오주의나 민족주의 정당으로 조직됐든 — 에게서 특징적으로 나타나는 온갖 결함들을 보여 주고 있었다. 그들은 정치 투쟁이 대중 투쟁과 동떨어져 '전위'로 활동하는 소수에게 달려 있다고 본다. 권력 투쟁은 한편으로 무장 투쟁, 다른 한편으로 기존 부르주아 세력과의 동맹으로 환원된다. '지도부'가 그렇다 보니, 대다수 급진적 노동자들이 개별 공장의 전투적 투쟁들을 넘어서서 도시 빈민과 농민 대중을 이끌고 단결시킬 수 있는 운동을 건설할 수 없었고 그래서 IRP가 메울 수 있는 공백을 남겨 뒀다.

모든 좌파가 무자헤딘, 페다인 다수파나 투데당처럼 나빴던 것은 아니다. 그러나 혁명적 경험을 통해 급진화한 사람들이 기대를 건 주요 세력이 바로 그들이었다. 그들의 잘못은 호메이니 집단이 주도권을 계속 유지하고 취약해진 국가를 재건해 혹심한 탄압을 자행할 수 있게 해 준 매우 중요한 요인이었다.

마지막으로, 무자헤딘·페다인·투데당처럼 큰 잘못을 저지르지 않은 좌파조차 나름대로 잘못을 했다. 그들은 모두 스탈린주의나 마오주의 전통 속에서 성장했고, 그 때문에 투쟁을 지도할 '진보적' 부르주아지나 프티부르주아지를 찾고 있었다. 특정한 운동이 '진보적' 또는 '반제국주의적' 프티부르주아지의 운동이라는 판단이 들면, 그들은 일체의 비판을 하지 않았다. 반대로, 특정한 운동이 '진보적 프티부르주아지'의 운동이 아니라는 판단이 들면, 그 운동은 결코 제국주의와 대결할 수 없다고 결론지었다. 제3세계 부르주아·프티부르주아 지도자들이 비록 친자본주의적이고 지극히 반동적인 사회적 태도를 지녔을지라도 제국주의와의 대결로 이끌릴 수 있다는 점을 그들은 결코 이해하지 못했다. 예컨대, 터키의 케말 아타튀르크, 키프로스의 그리바스와 마카리오스, 케냐의 케냐타, 인도의 간디와 네루, 그리고 최근에는 이라크의 사담 후세인이 그랬다. 이 덕분에 그들은 흔히 자신들의 착취 대상인 사람들한테서 지지를 받았다.

좌파는 그들을 '진보적, 반제국주의적' 영웅들이라고 격찬하거나 아니면 제국주의와의 대결이 중요하지 않은 것처럼 행세했기 때문에 그들을 약화시킬 수 없었다. 오히려 좌파는 무슨 수를 써서라도 자신들의 정치적 독립성을 유지해야 했다. 좌파는 그런 인물들의 국내 정책을 비판할 뿐 아니라 그들이 반제국주의 투쟁에서도 실패할 수밖에 없음을 공공연하게 비판하면서 좌파가 그들보다 훨씬 더 제국주의의 패배를 바란다는 점을 분명히 해야 했다.

불행히도, 이란의 거의 모든 좌파는 이런저런 잘못된 태도로 오락가락했고, 그래서 제1차 걸프전 마지막 몇 달 동안 미국 함대가 직접 개입해 이란에 불리한 상황을 조성했을 때 그들은 결국 중립적 태도를 취하고 말았다. 그들은 반제국주의적 태도를 취하면서도 국내에서 이란 정권에 반대하는 투쟁을 강화해 줄 방법들(정권이 부자들로 하여금 전쟁 비용을 치르게 하지 않는 것을 비난하고, 경무장 보병을 전선에 투입해 중무장한 이라크군의 방어 진지를 공격하게 하는 야만적이고 쓸모없는 '인해(人海)' 전술을 비판하고, 이라크 노동자들과 소수 민족들을 분기시켜 사담 후세인에 대항하게 만들 강령을 제시하지 못하는 것을 비판하고, 이라크 지배자들이 저지른 범죄의 대가를 평범한 이라크인들이 치르게 만드는 전쟁 배상금 요구를 비판하는 것 등)이 존재한다는 것을 이해하지 못했다. 오히려 그들은 과거에 제국주의가 이란에서 저지른 악행을 기억하고 있고 기회만 닿는다면 제국주의가 또다시 그런 짓을 저지를 것임을 분명히 알고 있는 이란인들로부터 자신들을 고립시키는 입장을 채택했다.

이란에서 호메이니 세력의 승리는, 불가피한 것도 아니었고, 이슬람주의가 제국주의 및 이란 내의 제국주의 동맹 세력이라는 악마(또는 대마왕)와 제휴해서라도 좌파가 대항해야 하는 독특한 반동 세력이라는 것을 입증하는 것도 아니다. 그것은 단지 독립적 노동계급 지도부가 존재하지 않는다면 혁명적 격변이 억압적이고 권위주의적인 일당 국가 아래에서 부르주아 지배가 안정을 되찾는 이런저런 형태로 귀결될 수 있음을 확인시켜 줄 뿐이다. 그 과정의 비밀은 이른바 이슬람의 '중세적' 특징이 아니라, 경험은 없지만 매우 전투적인 노동계급을 사회주의 조직들이 지도하지 못함으로써 공백이 형성됐다는 것이다.

이슬람주의의 모순들: 수단

이슬람주의자들이 집권하고 있는 나라는 이란만이 아니다. 지난 몇 년 사이에 수단의 이슬람형제단, 즉 이크완 알 무슬리민은 이슬람국민전선(NIF)을 통해 군사 정부에 결정적 영향력을 행사할 수 있게 됐다.

수단의 이슬람형제단은 1940년대에 반나의 이집트 무슬림형제단의 지부 조직으로 출범했지만, 1950년대에 나세르가 모(母)조직을 분쇄하자 독자적 교의를 가진 독자적 조직으로 발전했다. 이슬람형제단은 하르툼 대학교에서 시작됐다. 그곳에서 그들은 학생들에 대한 영향력을 놓고 공산주의자들과 투쟁했다. 그 결과 이슬람주의의 급진적 요소들을 강조하는 첫 번째 지도부가 구성됐다. 그러나 1960년대에 하산 알-투라비가 이끈 새 지도부는 조직 기반을 넓히고, 핵심 회원 2000명에 신입 회원 수천 명을 추가하는 데 성공했다. "울라마, 사원의 이맘, 상인, 수피 지도자 등을 포함해 회원 구성도 상당히 다양해졌다. 비록 적극적 회원들 중에 비(非)현대식 교육을 받은 사람들은 여전히 소수였지만 말이다."[114] 1980년대에 (국가가 후원하는) '이슬람' 금융 부문이 등장하자 이슬람형제단은 더욱 성장했다. "종교를 가진 사람들에게 유리한 이슬람 은행의 고용 정책은 이크완에게 도움이 됐다." 이슬람 기관들은 "벼락부자가 된 완전히 새로운 기업인 계급을 발전시켰고 … 기껏해야 고위 공무원이나 되고 말았을 많은 사람들에게 경제적 이동의 가능성을 열어 놓았다." 이슬람형제단은 이슬람 은행들을 소유하지 않았다. 그들의 돈줄은 사우디아라비아와 국내 자본이었다. 그러나 "대출과 다른 고객 서비스에 영향을 미칠 수 있는" 능력 덕분에 엄청난 권력을 행사했다.[115] 이 때문에 몇몇 벼락부자들이 이슬람형제단을 지지했고 국가 기구 안에서도 지지자들이 늘어났다. "운동의 기반은 여전히 핵심 활동가들이었고 그들은 주로 현대식 교육을 받은 전문직 종사자들이었지만, 상당수의 기업인(또는 전문직 출신 기업 임원)들도 두각을 나타내기 시작했다."[116]

니메이리 독재가 무너진 뒤 치러진 1986년 선거에서 이슬람형제단의 전선 NIF는 겨우 18.5퍼센트만을 득표했고, 나머지 표는 대부분 기성 정당들이 가져갔다. 그러나 대학 졸업생들만이 선출하는 의석에서는 28개 가운데 23개를 차지했고, 머지않아 NIF가 군대 주요 인사들의 자연스런 동맹 세력이 될 만큼 도시 중간계급과 기업인들 사이에서 충분한 지지를 받고 있음이 분명해졌다. 1989년 쿠데타로 권력은 바시르 장군에게 넘어갔지만, 실질적 권력은 NIF가 장악한 듯했다. 그리고 그때 이후 하르툼은 테헤란·리야드와 함께 많은 이슬람주의 활동가들을 끌어들이는 국제 이슬람주의 운동의 본거지가 됐다.

그러나 수단 이슬람형제단의 집권 과정은 순탄치 않았다. 많은 조직원들과 다수의 지지자들을 잃어버릴 뻔한 경우가 몇 차례나 있었다. 그리고 그 권력을 유지하는 것도 안정적일 것 같지 않다.

투라비는 자신의 경쟁자들이 정부에 있을 때 학생들, 중간계급, 어느 정도는 노동자들 사이에서 선동함으로써 이슬람형제단의 영향력을 구축하려 했다. 그러나 국가의 위계 구조 안에서 이슬람형제단의 영향력을 강화하기 위해 자신이 정부에 참여할 기회가 생길 때마다 그 기회도 놓치지 않았다. 그가 처음으로 그렇게 한 것은 1960년대 초였다. 학생들을 상대로 한 이슬람형제단의 선동은 1964년 10월 학생, 중간계급 전문직, 노동자들의 혁명을 촉진하는 데 일조했다. 그들은 새 정부에서 차지한 지위를 이용해 급진화 물결을 가라앉히고 공산주의자들의 활동을 금지하기 위해 노력했다. 그 덕분에 보수적 특권 집단 일부의 지지를 얻을 수 있었다.

1969년 5월 군사 쿠데타로 가파르 알-니메이리 장군이 집권하자 이슬람형제단은 다시 똑같은 수법을 사용했다. 니메이리는 한동안 기존 정당들과 함께 이슬람형제단도 탄압했다. 그러나 이슬람형제단은 정부에 참여하는 동안 잃어버린 대중적 지지를 야당 시절 어느 정도 회복할 수 있었다. 학생들의 생활 조건 문제를 주도적으로 제기하고 1973년 정부에 대항하는 학생들의 항쟁 — 비록 실패하긴 했지만 — 을 이끈 덕분이었다. 그 뒤 1970년대 말에 이슬람형제단은 니메이리의 '국민 화합' 제안을 받아들여 정부에 참여했고, 투라비는 "법률들을 샤리아에 맞게 검토·개정할 책임을 맡은" 법무장관이 됐다.[117] 이 시기에 이슬람형제단은 이슬람 금융 부문의 발전을 이용해 자본 소유주들 사이에서 기반을 마련했다. 일부 군 장교들을 획득하기 시작한 것도 이 시기였다.

그러나 그런 수법들은 이슬람형제단 내부에 끊임없이 긴장을 조성했고, 더 광범한 지지 기반을 거듭거듭 위협했다. 1950년대 초 이래로 이슬람형제단의 간부층이었던 사람들은 자신들의 지도자가 전통적 엘리트 부문과 신흥 부자들을 양성하는 것을 별로 달가워하지 않았다. 투라비의 방법은 그들이 급진적 학생들이었던 1940년대에 갖게 된 이슬람 전위라는 원래 개념에 전혀 맞지 않는 것처럼 보였다. 그들이 보기에 투라비는 명망을 얻기 위해 이슬람 사상을 물타기하는 듯했다. 특히, 그가 여성들을 가입시키기 시작하고, 여성 참정권을 지지하고, '진정한' 이슬람은 여성에게 남성과 동등한 권리를 줘야 한다고 주장하는 팸플릿을 발간했을 때, 그것은 더욱 분명해 보였다.[118] 반대파들에게는 투라비가 단지 세속적 중간계급에게 영합하는 것처럼 보였다. 게다가 니메이리는 비이슬람적 행위 — 특히 음주 — 로 악명 높은 인물이었다. 한 무리의 고참 조직원들은 쿠트브 같은 인물의 급진주의를 더 좋아했으며, 결국 그들은 이슬람형제단에서 뛰쳐나가 이집트 무슬림형제단과 연계된 독자 조직을 건설했다.[119]

점차 인기를 잃어 가는 정권과 협력한 것 때문에 이슬람형제단의 광범한 지지 기반도 무너지기 시작했다. 1981~82년의 학생 시위, 1982년 철도 노동자들의 파업, 1983년 남부 군대의 반란, 그 뒤 판사들과 의사들의 파업 등 1980년대 초에 니메이리에 반대하는 대중 선동이 고조됐다. 그 사이 이슬람형제단은 정권 외부에서 니메이리를 지지하는 유일한 세력이 됐고, 그래서 독재자가 몰락할 경우 그와 함께 무너질까 봐 두려워하기 시작했다.

그런데 니메이리가 최후의 도박을 감행했다. 그는 샤리아를 당장 법으로 제정하겠다고 발표했다. 이슬람형제단은 니메이리를 지지할 수밖에 없었다. 지난 30년 남짓 동안 수단의 모든 문제들에 대한 이슬람형제단의 해결책이 "샤리아로 돌아가자"였다. 그것은 그들이 주창한 개혁과 도시 중간계급이 아닌 대중의 이슬람 전통을 서로 연결하는 간단명료한 구호였다. 그래서 그들은 판사들과 대다수 법조인들의 저항을 무릅쓴 채 샤리아 법 제정을 지지하자고 선동하기 시작했다. 샤리아 법 제정에 관한 국제 대회에 찬성하는 이슬람형제단의 시위에 100만 명이 참가했고, 이슬람형제단 회원들은 니메이리가 세운 샤리아 특별법원의 직원들로 근무했다.

그 덕분에 이슬람형제단은 일부 전통주의 집단들을 끌어당길 수 있었다. 특히 샤리아 특별법원이 일부 유명 인사들을 골라 그들의 부패를 폭로하기 시작했을 때 그랬다. 그리고 이슬람형제단이 휘두른 새로운 권력은 국가 기구 안에서 승진을 바라는 사람들에게 더욱 매력적으로 보였다. 그러나 그런 조처들 덕분에 일부 전통주의 집단 사이에서 인기가 높아지고 국가를 운영하는 사람들 사이에서 영향력이 증대하기는 했지만, 다른 부문에서는 이슬람형제단에 대한 분노가 크게 증대하기도 했다.

그런 조처들은 세속주의자들이나 비이슬람 종교 지지자들(수단 남부 주민의 대다수)을 당황하게 만들었고, 실제로는 무슬림 대중의 조건도 개선할 수 없었다. 샤리아 신화는 새 법률 체계가 모든 불의를 끝장낼 것이라는 믿음이었다. 그러나 그것은 단지 법률 개혁만으로는 이룰 수 없었고, 특히 부패하고 인기 없는 정권은 더더욱 그럴 수 없었다. 그래서 모든 새 법이 실제로 뜻한 바는 샤리아 처벌, 즉 후두드 — 도둑질한 사람은 손을 자르고 간통한 사람은 돌로 쳐 죽이는 것 등 — 에 호소하는 것이었다.

1960년대에 이슬람형제단이 도시 인텔리겐치아 사이에서 기반을 건설할 수 있었던 이유 중 하나는 샤리아의 그런 측면을 무시했기 때문이었다. 투라비가 받아들인 정통 이슬람은 "후두드는 결핍이 완전히 사라진 이상적 이슬람 사회에서나 적용할 수 있는 것이라고 주장함으로써 그 문제를 회피하는" 것이었다.[120] 그러나 이제 그런 처벌이 샤리아가 법률 체계를 바꾸고 있다는 가장 확실한 증거가 됐고, 투라비는 태도를 180도 바꿔 법으로 사람들에게 도덕을 강요할 수 없다고 주장하는 사람들을 공격했다.[121]

샤리아 법원에 대한 분노와 이슬람 금융 부문에 대한 분노가 결합됐다. 이슬람 금융 부문 덕분에 일부 중간계급 성원들은 중요한 기업들로 옮겨 갈 수 있었다. 그러나 그 때문에 훨씬 더 많은 사람들은 실망하지 않을 수 없었다.

기업인들도 분노했고, 큰 기대를 안고 있었지만 주로 이크완의 편파주의 때문에 자신들이 새 체제의 혜택을 받지 못했다고 생각한 수천 명도 분노했다. … 결국, 이크완이 이슬람 은행 체계를 남용한다는 말들이 니메이리 시기에 생겨났고 그것은 대다수 국민 사이에서 이크완의 신뢰를 떨어뜨린 가장 치명적인 요인이었다.[122]

마지막으로, 샤리아를 둘러싸고 니메이리와 동맹한 것 때문에 이슬람형제단은 니메이리가 한 모든 일을 옹호해야 했다. 그것도 니메이리에 반대하는 선동이 증대하고 있을 때 말이다. 비록 니메이리가 민중 항쟁으로 전복되기 직전에 미국의 압력을 받아 마침내 이슬람형제단에 반대하는 쪽으로 돌아서긴 했지만, 이슬람형제단이 조금이라도 혁명과 동일시되기에는 너무 늦었다.

그럼에도 이슬람형제단이 살아남아 4년도 안 돼 전보다 더 큰 권력을 장악할 수 있었던 이유는 마침내 니메이리 반대로 돌아선 군 장교들에게 다른 누구도 제공하지 못했던 것 — 수단 남부 비무슬림 반군들과의 격렬한 내전에서나 북부 도시들의 불만 세력을 탄압하는 과정에서 군 장교들을 지지할 각오가 돼 있는 적극적 조직원 수천 명 — 을 제공했기 때문이다. 니메이리에 반대하는 항쟁을 지도한 세속적 세력들의 연합은 그들의 상반된 계급 이해관계 때문에 마비됐고, 대중의 불만을 모아 부의 대대적 재분배와 남부의 자치 허용 등 진정한 사회 변혁을 추구하는 운동 건설로 나아갈 수도, 그렇다고 그것을 분쇄할 수도 없었다. 그 때문에 이슬람형제단은 남부 반군에 대한 양보에 비타협적으로 반대하는 대규모 시위를 조직해 자신들의 힘을 과시함으로써 군 장교들에게 자신들이야말로 안정을 회복할 수 있는 유일한 세력임을 보여 줄 수 있었다. 그래서 정부와 반군간의 평화 협정 체결을 회피하기 위해 1989년에 다시 한 번 권력을 장악한 군부는 이슬람형제단을 묵인했다.

그러나 집권한 이슬람형제단이 아는 해결책은 하나 — 종교 언어로 포장된 가혹한 탄압의 강도를 높이는 것 — 뿐이었다. 1991년 3월 후두드 처벌과 함께 샤리아가 재도입됐다. 투라비는 야당 시절 아랍 쇼비니즘을 바탕으로 하는 모든 종류의 이슬람에 반대한다고 주장했지만 이제 남부의 전쟁을 이용해 푸르와 누바 등 다른 비아랍 공동체들을 탄압했다. 남부의 전쟁을 반대한 사람들을 탄압한 전형적 사례는 1992년에 "반국가 변란을 선동하고 무기를 소지했다"는 이유로 다르푸르의 일부 주민에게 사형을 선고한 것이다. 교수형 당한 남자의 시체를 저잣거리에서 십자가에 못 박기도 했다.[123] 노동조합과 전문직 협회 선거 과정에서 협박·구속·고문이 자행됐다는 보도도 있었다.[124] 심지어 이슬람화 캠페인을 지지한 일부 전통주의자들조차 이제 탄압의 대상이 됐다. 정권은 수피 종파의 "설교가 대중의 불만을 부추긴다고 생각해" 그들에 대한 통제를 강화했고,[125] 1994년 수피 사원에 대한 폭탄 공격으로 16명이 사망하자 대다수 사람들은 정권과 이슬람형제단의 소행이라고 비난했다.

그러나 탄압은 정권에 일시적 안정 이상을 가져다주지 못했다. 1992년에 식량 부족과 물가 인상 때문에 여러 도시에서 폭동이 잇따랐다. 정권은 처음에 IMF를 거부하는 체하다가 나중에는 "전에 IMF가 옹호했던 많은 정책들을 포함하는" '경제적 자유화'에 기초한 '경제 구조 프로그램'을 받아들이고 IMF와 재협상을 시작했다.[126] 그 때문에 생활 수준은 급격하게 하락했고, 불만은 증폭됐으며, 폭동도 증대했다.

한편, 정권은 다른 주요 이슬람 정권들 사이에서 국제적으로 고립됐다. 이슬람형제단은 제1차 걸프전 때 이라크를 편들어 이란과 사이가 틀어졌고, 제2차 걸프전 때 이라크를 지지해 사우디아라비아와 사이가 틀어졌다. 아마 이 때문에 이슬람형제단은 그 두 나라나 이집트 무슬림형제단에 실망한 다른 나라 이슬람주의자들을 끌어당기는 구심으로 자처하려 했을 것이다. 비록 투라비 자신의 정책들도 그 이슬람주의 집단들이 신봉한 급진주의에서 30년 동안 멀어져 왔지만 말이다.

그러나 수단의 이슬람형제단 자체가 엄청난 압력을 받고 있었다. "NIF가 둘로 쪼개져, 열성파는 떨어져 나가고 상대적 온건파는 움마당이나 DUP[양대 전통주의 정당들 — 지은이]와 손잡을 것이라는 소문이 떠돌고 있다. NIF는 세속 정당들을 받아들일 준비가 돼 있는 구세대와 더 젊고 비타협적인 열성파로 분열돼 있다."[127]

수단에 대해 마지막으로 하나만 지적하고 싶다. 이슬람형제단의 집권은 그들이 무슨 마법의 힘을 갖고 있었기 때문이 아니다. 그 원인은 점차 심화하는 수단의 곤경에서 탈출할 수 있는 길을 다른 정치 세력들이 제시하지 못했기 때문이다. 1950년대와 1960년대에 공산당은 이슬람형제단보다 강력한 세력이었다. 공산당은 학생들 사이에서 영향력을 놓고 이슬람형제단과 경쟁했고 도시 노동조합원들 사이에서 기반을 구축했다. 그러나 1964년과 1969년에 공산당은 그런 영향력을 이용해 혁명적 변혁 강령을 제시한 것이 아니라 비혁명적 정부들에 참여했다. 그러나 그 정부들은 일단 민중 운동을 진정시킨 뒤에는 공산당을 공격했다. 특히, 니메이리 집권 초기 몇 해 동안 공산당이 니메이리를 지지했기 때문에 이슬람형제단이 대학생 투쟁을 주도하고 공산당의 기반을 잠식할 수 있었다.

결론

사회주의자들이 이슬람주의 운동들을 단지 반동적 '파시스트' 세력이라거나 아니면 단지 '반제국주의적' '진보' 세력이라고 본 것은 잘못이었다. 7세기 아라비아에서 무함마드가 확립한 모델을 따라 사회를 재건하겠다는 계획을 가진 급진 이슬람주의는 가난한 신중간계급 부문의 '몽상'이다. 여느 '프티부르주아적 몽상'과 마찬가지로,[128] 이슬람주의 지지자들은 실천에서 두 가지 선택에 직면하게 된다. 하나는 기존 사회를 운영하는 자들을 거슬러 이슬람주의를 강요하려는 영웅적이지만 쓸모없는 노력이고, 다른 하나는 기존 지배자들과 타협하고 끊임없는 억압과 착취를 이데올로기적으로 은폐하는 것이다. 이 때문에 그들은 급진적 테러 분파와 개혁주의 분파로 분열할 수밖에 없다. 또, 이 때문에 일부 급진주의자들은 '압제자' 없는 사회 건설을 위해 무기를 사용하는 것에서 태도를 바꿔 '이슬람' 행동 방식을 개인들에게 강요하기 위해 무기를 사용한다.

사회주의자들은 프티부르주아 몽상가들을 우리의 주적으로 여길 수 없다. 그들은 국제 자본주의 체제, 수많은 사람들을 맹목적 축적 드라이브에 종속시키는 것, 은행들이 전 세계를 약탈하는 것, 또는 '새로운 세계 질서' 선포 이후 일련의 끔찍한 전쟁들을 초래한 책략들에 책임이 없다. 제1차 걸프전의 참상은 그들 탓이 아니었다. 그 전쟁은 사담 후세인이 미국과 페르시아 만 연안 왕국들의 부탁을 들어주려는 노력으로 시작됐고, 이라크를 편든 미국의 직접 개입으로 끝났다. 레바논에서 벌어진 학살도 그들 탓이 아니었다. 팔랑헤의 만행, 레바논 좌파에 대한 시리아의 간섭, 그리고 이스라엘의 침략 때문에 전투적 시아파가 성장할 수 있는 상황이 형성됐다. 바그다드의 병원들에 대한 '정밀 폭격', 쿠웨이트에서 바스라로 퇴각하는 이라크군 8만 명의 학살 등 제2차 걸프전의 참상도 그들 탓이 아니었다. 이집트와 알제리 같은 나라들에서는 내일 당장 이슬람주의자들이 사라진다 해도 빈곤, 고통, 박해, 인권 억압은 여전히 존재할 것이다.

그런 이유들 때문에 사회주의자들은 이슬람주의자들을 탄압하는 국가를 지지할 수 없는 것이다. 이슬람주의자들이 세속적 가치를 위협한다는 이유로 이슬람주의자들에 반대하고 국가를 지지하는 사람들은 이슬람주의자들이 좌파를 사회의 최빈곤층을 억누르는 '압제자들'의 '이교도적', '세속주의적' 음모의 일부로 쉽사리 묘사할 수 있게 해 줄 뿐이다. 그들은 알제리와 이집트의 좌파가 저지른 실수 — 대중을 위해 아무것도 하지 않는 정권을 '진보적'이라고 칭찬한 것 — 를 되풀이하고 있다. 그런 실수 때문에 이슬람주의자들이 성장할 수 있었는데도 말이다. 그리고 그들이 잊고 있는 사실은 국가가 세속적 가치들을 지지하더라도 그것은 오로지 조건적일 뿐이라는 것이다. 필요하다면, 국가는 더 보수적인 이슬람주의자들과 거래해서 샤리아의 일부 — 특히 대중에게 가혹한 처벌을 가하는 — 를 강요하려 들 것이다. 그리고 그 대가로 억압에 도전하려는 신념을 가진 급진주의자들을 고립시킬 것이다. 그것이 바로 지아 치하의 파키스탄과 니메이리 치하 수단에서 일어난 일이고, 클린턴 정부가 알제리 군 장성들에게 조언하고 있는 내용이다.

그러나 사회주의자들은 이슬람주의자들도 지지할 수 없다. 그것은 한 종류의 억압을 다른 종류의 억압으로 바꾸라는 요구와 마찬가지이며, 국가의 폭력에 반대하다가 소수 민족과 소수 종교 집단, 여성과 동성애자 방어를 포기하는 것이며, 속죄양 찾기를 공모하는 것이다. 그래서 자본주의적 착취가 '이슬람'의 형태를 취할 경우 아무런 제지도 받지 않고 지속될 수 있도록 허용하는 것이다. 그것은 투쟁 속에서 모든 피억압·피착취 대중을 조직하고 지도하는 노동자들을 바탕으로 하는 독립적 사회주의 정치라는 목표를 포기한 채, 자체적으로는 결코 성공할 수 없는 프티부르주아 몽상주의의 꽁무니를 쫓아가는 것이다.

이슬람주의자들은 우리의 동맹 세력이 아니다. 그들은 노동계급에 영향을 미치려고 애를 쓰는 계급의 대표자들이다. 그리고 그 계급은 노동계급이 성공할 때까지는 노동자들을 쓸데없고 재앙적인 모험주의로 끌고 가거나 아니면 기존 체제에 반동적으로 투항하도록 이끈다. 또는 전자의 방향으로 나가다가 후자의 방향으로 돌아서기 십상이다.

그렇다고 해서 이슬람주의자들을 외면하거나 깎아내려야 한다는 말은 아니다. 그들은 기존 사회에서 고통받는 거대한 사회 집단이라는 토양 위에서 성장한다. 그리고 노동자 투쟁이 고양돼 그들의 반감을 지도한다면, 그것은 진보적 목적에 이용될 수 있다. 심지어 노동자 투쟁이 고양되지 않더라도, 급진적 이슬람주의에 이끌리는 많은 개인들은 사회주의자들의 영향을 받을 수 있다. 물론 사회주의자들이 온갖 형태의 이슬람주의로부터 완전한 정치적 독립성을 유지함과 동시에 이슬람주의자 개인들과 함께하면서 그들을 진정한 급진적 투쟁 형태로 끌어당길 기회를 놓치지 않으려 애쓴다는 조건에서 말이다.

급진 이슬람주의는 모순으로 가득 차 있다. 프티부르주아지는 항상 두 방향으로 이끌린다. 기존 사회에 대항하는 급진적 반란으로 나갈 수도 있고 그 사회와의 타협으로 나갈 수도 있다. 그래서 이슬람주의는 항상 이슬람 공동체의 완전한 부활을 위해 반란을 일으키는 것과 이슬람 '개혁'을 강요하기 위해 타협하는 것 사이에서 오락가락한다. 이런 모순들은 이슬람주의 집단들 내부의 충돌과 집단들 간의 충돌 — 매우 격렬하고 흔히 폭력적인 — 에서 표출될 수밖에 없다.

이슬람주의는 반동적 획일체일 뿐이라고 생각하는 사람들이 놓치고 있는 것은 제1차 걸프전 당시 사우디아라비아와 이란이 서로 대립했을 때 이슬람주의자들이 취해야 할 태도를 둘러싸고 서로 다른 이슬람주의자들 사이에 갈등이 있었다는 점이다. 알제리의 FIS로 하여금 사우디아라비아의 후원자들과 단절하게 만들거나 제2차 걸프전 당시 터키의 이슬람주의자들로 하여금 사우디아라비아의 재정 지원을 받는 사원들에서 이라크 지지 시위를 조직하게 만든 주장들이 있었다. 아프가니스탄에서는 서로 경쟁하는 이슬람주의 군대들끼리 격렬한 무장 충돌을 벌였다. 팔레스타인의 하마스 조직 내부에서는 이슬람 법률을 시행하는 대가로 아라파트의 팔레스타인 자치정부 — 따라서 간접적으로 이스라엘 — 와 타협해야 하느냐 마느냐를 둘러싼 논쟁이 벌어지고 있다. 일단 '개혁주의적' 이슬람이 세계 체제에 통합된 기존 국가들과 거래하기 시작하면 그런 태도의 차이는 반드시 불거지게 마련이다. 왜냐하면 이들 국가는 서로 자기들끼리 경쟁하고, 각각의 국가는 저마다 가장 유력한 제국주의들과 나름대로 거래하기 때문이다.

그와 비슷한 차이들은 노동자 투쟁이 고양될 때마다 불거질 수밖에 없다. 이슬람주의 조직들을 재정 지원하는 사람들은 노동자 투쟁을 분쇄하지 못한다면, 적어도 중단시키고 싶어 할 것이다. 급진적 이슬람주의 청년들 가운데 일부는 노동자 투쟁을 본능적으로 지지할 것이다. 이슬람주의 조직의 지도자들은 진퇴양난에 처할 것이고, 고용주들과 노동자들 모두 조금씩 양보해야 한다고 투덜거릴 것이다.

마지막으로, 자본주의 자체의 발전 때문에 이슬람주의 지도자들은 권력에 근접할 때마다 이데올로기적 태도를 180도 바꾸곤 한다. 그들은 '이슬람의' 가치들과 '서구의' 가치들을 대비시킨다. 그러나 이른바 서구의 가치들은 무슨 신화적 유럽 문화에서 비롯된 것이 아니라 지난 200여 년간의 자본주의 발전에서 비롯된 것이다. 그래서 150년 전 영국 중간계급 사이에서 유력했던 성적(性的) 태도는 오늘날 이슬람 부흥주의자들이 설교하는 것과 놀랄 만큼 비슷했고(혼외정사는 금지됐고, 여성들은 맨살을 드러내서는 안 됐으며, 심지어 발목을 드러내서도 안 됐고, 사생아라는 사실은 평생 씻을 수 없는 흔적으로 남았다), 당시 영국 여성들의 권리는 오늘날 대다수 종류의 이슬람이 여성들에게 허용하는 권리보다 못한 측면들도 있었다.(당시 영국에서는 상속권이 장자에게만 있었던 반면, 오늘날 이슬람은 아들의 상속분 절반을 딸에게 분배한다. 당시 영국 여성들은 이혼할 권리가 전혀 없었던 반면, 이슬람은 조건이 까다롭기는 하지만 여성의 이혼권을 보장한다.) 영국인들의 태도를 바꿔 놓은 것은 서구인들의 영혼에 내재한 어떤 것 또는 이른바 '유대교-기독교의 가치들'이 아니라 발전하는 자본주의의 영향이었다. 자본주의는 여성의 노동력이 필요했기 때문에 사람들의 특정 태도를 바꿔 놓았고, 더 중요하게는, 훨씬 더 큰 변화를 요구할 수 있는 상황으로 여성들을 내몰았다.

그 때문에 심지어 가톨릭 교회가 엄청나게 강력했던 나라들 — 아일랜드·이탈리아·폴란드·스페인 등 — 에서도 가톨릭 교회는 자신의 영향력 쇠퇴를 어쩔 수 없이 인정해야 했다. 이슬람이 국가 종교인 나라들도 비슷한 변화의 압력에서 벗어날 수 없다. 그들이 아무리 애를 쓰더라도 말이다.

이 점은 이란 이슬람 공화국의 경험에서도 드러난다. 어머니와 아내라는 여성의 중요한 역할에 대한 온갖 선전에도 불구하고, 그리고 법률가 같은 특정 직종에서 여성들을 배제하려는 온갖 압력에도 불구하고, 전체 노동자 중에서 여성이 차지하는 비율은 약간 상승했고 전체 공무원 중 여성 비율은 계속 28퍼센트를 유지하고 있는데 이는 혁명 당시와 같은 수치다.[129] 이런 상황에서 여성의 23퍼센트가 피임을 하고 있기 때문에 정권은 산아 제한에 대한 태도를 바꿔야 했고,[130] 때로는 베일 착용 강요도 완화해야 했다. 비록 이혼과 가족법 문제에서 남성과 동등한 권리를 누리지는 못하지만, 이란 여성들은 투표권이 있고 (여성 국회의원이 두 명이다), 학교에도 다니며, 대학의 모든 학과에 여성 할당제가 적용되고, 당국은 여성의 의학 공부와 군사 훈련 경험을 권장한다.[131] 아브라하미안이 호메이니에 대해 지적하듯이,

> 그의 가장 가까운 제자들은 '전통주의자들'을 '구식'이라고 비웃었다. 그들은 전통주의자들이 의례적 순수성에 사로잡혀 있으며, 자기네 딸들도 학교에 보내지 않고, 남자가 전혀 없는 곳에서도 어린 소녀들의 베일 착용을 강요하고, 미술·음악·체스 등

지적 취미나 오락을 비난하며, 특히 신문·라디오·텔레비전을 이용하려 하지 않는다고 비판했다.[132]

이것은 결코 놀라운 일이 아니다. 이란 자본주의와 이란 국가를 관리하는 자들에게는 주요 경제 부문의 여성 노동자들이 꼭 필요하다. 그리고 IRP의 중추인 프티부르주아지가 1970년대에 자기네 딸들을 대학에 보내 일자리를 얻게 한 이유는 추가 소득을 얻고 싶었기 — 가계 소득을 높이고 딸들의 결혼 조건을 더 낫게 하려고 — 때문이다. 그들은 1980년대에 종교적 경건함을 위해 이런 조건들을 포기할 생각이 전혀 없었다.

다른 여느 이데올로기와 마찬가지로 이슬람주의도 경제적·사회적 발전을 저지할 수 없다. 따라서 이슬람주의 내부에서는 끊임없이 긴장이 조성될 것이고 그런 긴장은 그 지지자들 간의 격렬한 이데올로기 논쟁으로 표출될 것이다.

이슬람주의 청년들은 대개 현대 사회의 영리한 지성인들이다. 그들은 책을 읽고 신문과 텔레비전을 본다. 그래서 그들 자신의 운동 안에 존재하는 온갖 분열과 갈등을 알고 있다. 그들이 아무리 '세속주의자들' — 좌파든 부르주아지든 — 에 맞서 단결할지라도, 자신들끼리는 서로 격렬하게 논쟁할 것이다. 겉보기에는 획일적이었던 전 세계 스탈린주의 운동의 친소련파와 친중국파가 30년 전에 그랬듯이 말이다. 그리고 그런 논쟁들을 보며 적어도 그들 가운데 일부는 의심을 품기 시작할 것이다.

사회주의자들은 그런 모순들을 이용해서, 더 급진적인 일부 이슬람주의자들이 이슬람주의 사상과 조직에 충성하는 것을 의심하게 만들 수 있어야 한다. 그러나 이슬람주의자들이나 국가와 동일시되지 않는 독자적 조직을 우리가 건설해야만 그렇게 할 수 있을 것이다.

일부 쟁점들에서 우리는 제국주의와 국가에 맞서 이슬람주의자들과 같은 편에 설 것이다. 예컨대, 제2차 걸프전 당시 많은 나라들에서 그랬다. 프랑스나 영국 같은 나라들에서 인종 차별에 맞서 싸울 때도 같은 태도를 취해야 할 것이다. 이슬람주의자들이 반정부 세력이라면, 우리의 규칙은 "가끔 이슬람주의자들과 함께할 수는 있지만, 국가와는 결코 함께할 수 없다"여야 할 것이다.

그러나 그때조차 우리는 근본 쟁점들에서 이슬람주의자들과 계속 차이가 있을 것이다. 우리는 종교를 실천할 권리뿐 아니라 종교를 비판할 권리도 인정한다. 우리는 프랑스처럼 인종 차별이 심한 나라에서 젊은 여성들이 스스로 원한다면 베일을 두를 권리뿐 아니라 두르지 않을 권리도 인정한다. 우리는 알제리 같은 나라들에서 대기업이 아랍어 사용자들을 차별하는 것에 반대하지만, 프랑스어를 배우며 자란 노동자들과 하층 중간계급이나 베르베르어 사용자들을 차별하는 것에도 반대한다. 무엇보다, 우리는 종교적·민족적 기원을 이유로 피착취·피억압 대중을 분열시켜 서로 싸우게 만드는 것에 단호히 반대한다. 그리고 그것이 뜻하는 바는 우리가 국가에 맞서 이슬람주의자들을 방어할 뿐 아니라 일부 이슬람주의자들에 맞서 여성·동성애자·베르베르족·콥트교도 들도 방어한다는 것이다.

우리가 이슬람주의자들과 같은 편에 서 있을 때, 우리의 과제 중 하나는 그들과 치열하게 논쟁하고 그들에게 도전하는 것이다. 여성과 소수 민족에 대한 그들 조직의 태도뿐 아니라 필요한 것이 부자들의 자선인가 아니면 기존 계급 관계의 전복인가 하는 근본적 문제에 대해서도 그들과 논쟁해야 하는 것이다.

과거에 좌파는 이슬람주의자들과의 관계에서 두 가지 잘못을 저질렀다. 하나는 그들을 우리와 공통점이 전혀 없는 파시스트들이라고 보고 포기한 것이다. 다른 하나는 그들을 비판받지 말아야 할 '진보주의자들'이라고 본 것이다. 이런 잘못은 중동 대부분 지역에서 이슬람주의자들이 좌파를 누르고 성장하는 데 도움이 됐다. [좌파에게] 필요한 것은 이슬람주의를 심각한 사회위기 — 이슬람주의가 결코 해결할 수 없는 — 의 산물로 볼 뿐 아니라, 이슬람주의를 지지하는 일부 청년들을 사뭇 다른, 독립적, 혁명적 사회주의 전망 쪽으로 끌어당기기 위해 투쟁하는 다른 접근법이다.

후주

1 그래서 이집트의 무슬림형제단에 대한 통찰력 있는 연구가 1969년에 내린 결론은 "점차 타당성이 떨어지고 있었던 무슬림형제단의 사회적 '입장'을 고수하는 개인들의 활동 반경이 계속 위축되면서 끊임없이 긴장이 조성됐고, 이런 긴장의 예측 가능한 폭발"이 1960년대 중반에 운동을 부활시키려는 노력으로 나타났다는 것이다. R P Mitchell, *The Society of the Muslim Brothers*(London, 1969), p vii.

2 프레드 핼리데이 자신이 'The Iranian Revolution and its Implications', *New Left Review*, 166(November December 1987), p 36에서 인용한, 1979년도 *New Statesman*에 실린 글.

3 *Socialisme Internationale*(Paris, June 1990)에 실린 알제리공산주의운동(MCA)과의 인터뷰. MCA는 이제 존재하지 않는다.

4 F Halliday, 앞의 책, p 57.

5 서로 다른 좌파 조직들이 이슬람주의자들을 지지한 것에 대한 설명은 P Marshall, *Revolution and Counter Revolution in Iran*(London, 1988), pp 60~68 and pp 89~92; M Moaddel, *Class, Politics and Ideology in the Iranian Revolution*(New York, 1993), pp 215~218; V Moghadan, 'False Roads in Iran', *New Left Review*, p 166 참조.

6 R P Mitchell, 앞의 책, p 127에 인용된 팸플릿.

7 A S Ahmed, *Discovering Islam*(New Delhi, 1990), pp 61~64.

8 아프가니스탄의 수피즘에 대한 설명은 O Roy, *Islam and Resistance in Afghanistan*(Cambridge, 1990), pp 38~44 참조. 인도와 파키스탄의 수피즘은 A S Ahmed, 앞의 책, pp 90~98 참조.

9 A S Ahmed, 앞의 책 p 31에 인용된 I Khomeini, *Islam and Revolution*

(Berkeley, 1981).

10 O Roy, 앞의 책, p 5. 주요 이슬람주의자이자 수단 이슬람형제단의 지도자인 하산 알-투라비도 'Le nouveau reveil de 1'Islam', *Liberation*(Paris), 5 August, 1994에서 "종교가 가장 강력한 발전의 원동력이 될 수 있다"는 이유로 사회의 이슬람화를 요구하면서 똑같은 주장을 펴고 있다.

11 E Abrahamian, *Khomeinism*(London, 1993), p 2.

12 같은 책.

13 'Who is responsible for violence?' in *l'Algerie par les Islamistes*, edited by M Al Ahnaf, B Botivewau and F Fregosi(Pads, 1990), pp 132 and following.

14 같은 책, p 31.

15 G Kepel, *The Prophet and the Pharoah, Muslim Extremism in Egypt*(London, 1985), p 109.

16 예컨대, K Pfeifer, *Agrarian Reform Under State Capitalism in Algeria*(Boulder, 1985), p 59; C Andersson, *Peasant or Proletarian?*(Stockholm, 1986), p 67; M Raffinot and P Jacquemot, *Le Capitalisme d' etat Algerien*(Paris, 1977) 참조.

17 J P Entelis, *Algeria, the Institutionalised Revolution*(Boulder, 1986), p 76.

18 같은 책.

19 A Rouadia, *Les Freres et la Mosque*(Pans, 1990), p 33.

20 O Roy, 앞의 책, pp 88~90.

21 A Rouadia, 앞의 책, p 82.

22 같은 책, p 78.

23 같은 책.

24 이런 사건들에 대한 설명은 D Hiro, *Islamic Fundamentalism*(London, 1989), p 97 참조.

25 H E Chehabi, *Iranian Politics and Religious Modernism*(London, 1990), p 89.

26 E Abrahamian, *The Iranian Mojahedin*(London, 1989), pp 107, 201, 214, 225~226.

27 M Moaddel, 앞의 책, pp 224~238.

28 A Bayat, *Workers and Revolution in Iran*(London, 1987), p 57.

29 A Tabari, 'Islam and the Struggle for Emancipation of Iranian Women', in A Tabari and N Yeganeh, *In the Shadow of Islam: the Women's Movement in Iran*.

30 O Roy, 앞의 책, pp 68~69.

31 M Al-Ahnaf, B Botivewau and F Fregosi, 앞의 책.

32 A Rouadia, 앞의 책.

33 같은 책.

34 같은 책.

35 1989년에 시험을 치른 25만 명 가운데 겨우 5만 4000명만이 시험을 통과했다. 같은 책, p 137.

36 같은 책, p 146.

37 같은 책, p 147.

38 R P Mitchell, 앞의 책, p 13 참조.

39 같은 책, p 27.

40 같은 책, p 38.

41 M Hussein, 'Islamic Radicalism as a Political Protest Movement', in N Sa'dawi, S Hitata, M Hussein and S Safwat, *Islamic Fundamentalism*(London, 1989).

42 같은 책.

43 S Hitata, 'East West Relations', in N Sa'dawi, S Hitata, M Hussein and S Safwat, 44. 앞의 책, p 26.

44 G Kepel, 앞의 책, p 129.

45 같은 책, p 137.

46 같은 책, pp 143~144.

47 같은 책, p 85.

48 같은 책, p 95~96.

49 같은 책, p 149.

50 이 시기에 대한 설명은, 예컨대 A Dabat and L Lorenzano, *Conflicto Malvinense y Crisis Nacional*(Mexico, 1982), pp 46~48 참조.

51 M Al-Ahnaf, B Botivewau and F Fregosi, 앞의 책, p 34.

52 유용할 수도 있었던 필 마셜(Phil Marshall)의 글(*International Socialism* 40호에 실린 'Islamic Fundamentalism — Oppression and Revolution')에 문제가 있는 이유는 식민주의에 직면한 부르주아 운동의 반제국주의와 세계 체제에 통합된 독립적 자본주의 국가들에 직면한 프티부르주아 운동의 반제국주의를 구별하지 못하기 때문이다. 그는 "제국주의에 반대하는 투쟁을 표현하는" 그런 운동들이 할 수 있는 구실을 강조하고 있을 뿐이다. 이것은 오늘날 제3세계의 국가와 부르주아지가 흔히 착취와 억압의 직접적 주체라는 사실을 망각하는 것이다. 이 점은 일부 급진 이슬람주의 경향도 적어도 반쯤은 인식하고 있는 사실이다(쿠트브가 이집트 같은 국가들을 '비이슬람'이라고 묘사한 것처럼). 또, 이슬람주의 운동의 프티부르주아적 한계 때문에 그 운동의 지도자들은 과거의 페론주의 운동 지도자들처럼 흔히 '제국주의'에 대한 미사여구를 이용해 현지 국가나 지배계급과의 거래를 정당화한다는 것을 마셜의 글은 놓치고 있다. 그래서 마셜은 혁명적 마르크스주의자들이 이슬람주의에 대해 취해야 할 태도는 스탈린주의에 물들지 않은 초기의 코민테른이 1920년대 초에 성장하는 반(反)식민지 운동들에 대해 취한 태도와 비슷하다고 잘못된 주장을 하고 있다. 우리가 초기의 코민테른에서 분명히 배워야 할 교훈은, 특정 운동(이나 국가)이 제국주의에 맞서 싸우는 한은 우리가 그 운동(이나 국가)과 같은 편에 설 수 있지만 그와 동시에 우리는 그 지도부를 전복하기 위해 노력해야 하고 그들의 정치·전략·전술과는 다른 정치·전략·전술을 발전시켜야 한다는 것이다. 그러나 이 말이 1990년대의 부르주아·프티부르주

아 이슬람주의가 1920년대의 부르주아·프티부르주아 반식민주의와 같다는 것은 결코 아니다. 만약 그렇다면 우리는 아르헨티나 같은 나라들의 좌파가 1960년대 말과 1970년대 초에 자신들이 '반(半)식민지 국가들'에 살고 있다는 이유로 자국의 부르주아 민족주의를 지지했던 것과 똑같은 잘못을 저지를 수 있다. A 다바트(Dabat)와 L 로렌자노(Lorenzano)가 옳게 지적했듯이, "아르헨티나의 민족주의 좌파와 마르크스주의 좌파는 … (자국 지배자들이) 제국주의 부르주아지의 이해관계에 묶여 있다는 것, 그리고 자국 지배자들이 미국 군대와 국가 앞에서 외교적 노예 근성을 보인다는 것을 정치적 종속성('반식민주의', '식민주의')과 혼동했고, 이 때문에 가장 급진적이고 단호한 좌파 세력들은 '제2의 독립'을 위한 무장 투쟁을 호소하기로 결정했다. 사실, 그들은 사뭇 다른 현실에 직면해 있었다. 상대적으로 취약한 자본주의 나라 정부의 행위는 (그 국가 구조가 아무리 종속적일지라도) 자국의 이익을 충족시키기 위해 … 제국주의 정부들이나 기업들한테서 양보를 얻어 내거나 … 그런 국가들과의 … 동맹을 강화하려 할 때 … '타협적'이고 '투항적'일 수밖에 없다. 이런 식의 행동은 아무리 민족주의를 자처하는 정부라 할지라도 모든 부르주아 정부들이 근본적으로 동일하다. 이것은 국가 구조나 국민적 자본의 자체 확장 및 재생산 과정과 국가의 관계에 영향을 미치지 않는다(제국주의 국가들과 다른 나라 부르주아지들의 표현이 아니라 국민적 지배계급들의 직접적 표현이 바로 국가의 성격이기 때문이다)." *Conflicto Malvinense y Crisis Nacional*, 앞의 책, p 70.

53 E Abrahamian, *Khomeinism*, 앞의 책, p 3.

54 같은 책, p 17.

55 O Roy, 앞의 책, p 71.

56 M Al-Ahnaf, B Botivewau and F Fregosi, 앞의 책, pp 26~27.

57 R P Mitchell, 앞의 책, p 145.

58 같은 책, p 116.

59 같은 책, p 40.

60 Book by Hudaybi, quoted in G Kepel, 앞의 책, p 61.

61 같은 책, p 71.

62 같은 책.

63 같은 책, p 44의 인용문 참조.

64 같은 책, p 53.

65 자세한 설명은 같은 책, p 78 참조.

66 파르지의 견해를 길게 설명한 것으로는 *The Hidden Imperative*, 같은 책, pp 193~202 참조.

67 같은 책, p 208.

68 같은 책, p 164.

69 같은 책, p 210.

70 A Rouadia, 앞의 책, p 20.

71 같은 책, pp 33~34.

72 같은 책, p 36.

73 같은 책, p 144.

74 같은 책, p 145~146.

75 J P Entelis, 앞의 책, p 74.

76 A Rouadia, 앞의 책, p 191.

77 같은 책, p 209.

78 M Al-Ahnaf, B Botivewau and F Fregosi, 앞의 책, p 30.

79 같은 책.

80 J Goytisolo, 'Argelia en el Vendava', in *El Pais*, 30 March, 1994.

81 *El Salaam*, 21 June 1990. M AI-Ahnaf, B Botivewau and F Fregosi, 앞의 책, pp 200~202에 번역돼 있다.

82 이런 사건들에 대한 설명은 J Goytisolo, 앞의 책, 29 March 1994 참조. 영국 대자본의 신문 〈파이낸셜 타임스〉(1994년 7월 19일치 참조)와 미국 정부는 지금 이런 노선을 권하고 있다.

83 J Goytisolo, 앞의 책, 30 March 1994.

84 같은 책.

85 같은 책.

86 같은 책, 3 April 1994.

87 *Guardian*, 15 April 1994.

88 *Guardian*, 13 April 1994.

89 J Goytisolo, 앞의 책, 29 March 1994.

90 M AI-Ahnaf, B Botivewau and F Fregosi, 앞의 책에 실린 경제 정책 번역문 참조.

91 같은 책, p 109.

92 F 핼리데이가 앞의 책에서 이런 견해를 제시한다. 그것은 막스 색트먼과 다른 사람들이 스탈린주의와 관련해서 제시한 견해였다. M Schactman, *The Bureaucratic Revolution*(New York, 1962) 참조. 그리고 이에 대한 비판은 T Cliff, 'Appendix 2: The theory of Bureaucratic Collectivism', in *State Capitalism in Russia*(London, 1988)[국역: 토니 클리프, 《소련 국가자본주의》, 책갈피, 1993] 참조.

93 오늘날 알제리와 이집트의 좌파 대부분이 그런 입장이다.

94 H E Chehabi, 앞의 책, p 169.

95 자세한 내용은 A Bayat, 앞의 책, pp 101~102, 128~129 참조.

96 같은 책, p 108에 나오는 수치들.

97 M M Salehi, *Insurgency through Culture and Religion*(New York, 1988), p 171.

98 H E Chehabi, 앞의 책, p 169.

99 D Hiro, 앞의 책, p 187에 나오는 수치.

100 내가 쓴 *Class Struggles in Eastern Europe*, 1945~83(London, 1983)[국역: 《동유럽에서의 계급투쟁》, 갈무리, 1994]의 3장 참조.

101 T Cliff, 'Deflected Permanent Revolution', *International Socialism*, first series, no 12(Spring, 1963), reprinted in *International Socialism*,

first series, no 61. This very important article is now available as a pamphlet from Bookmarks.

102 핼리데이가 앞의 책, p 35에서 "자본주의 사회 세력의 힘"이라고 주장하는 듯한 데서도 드러나듯이 그런 견해가 아직도 남아 있다. 핼리데이는 그렇게 주장함으로써 자신의 마오주의적·스탈린주의적 기원 때문에 20세기 자본주의의 성격을 이해하지 못하고 있음을 드러낼 뿐이다.

103 P 마셜은 그의 또 다른 탁월한 책 *Revolution and Counter Revolution in Iran*, 앞의 책에서 그렇게 주장한다.

104 A Bayat, 앞의 책, p 134.

105 T Cliff, 앞의 책.

106 M Moaddel, 앞의 책, p 212.

107 F Halliday, 앞의 책, p 57.

108 마리암 포야(Maryam Poya)는 자신의 글 'Iran 1979: Long Live the Revolution ...Long Live Islam?' in *Revolutionary Rehearsals* (Bookmarks, London, 1987)에서 '쇼라'를 '노동자 평의회'로 잘못 번역하고 있다.

109 According to M Moaddel, 앞의 책, p 238.

110 A Bayat, 앞의 책, p 42.

111 E Abrahamian, *The Iranian Mojahedin*, 앞의 책, p 189.

112 M Poya, 앞의 책.

113 M Moaddel, 앞의 책, p 216.

114 Abdelwahab el-Affendi, *Turabi's revolution, Islam and power in Sudan*(London, 1991), p 89.

115 같은 책, pp 116~117.

116 같은 책, pp 117.

117 같은 책, pp 115.

118 여성에 대한 그의 입장을 알고 싶으면 같은 책, p 174에 실린 그의 팸플릿 요

약문 참조. 또, 그의 글 *'Le Nouveau Reveil de l'Islam'*, 앞의 책도 참조.

119 Affendi, 앞의 책, pp 118.

120 같은 책, pp 163.

121 같은 책, pp 163~164.

122 같은 책, pp 116.

123 *Economist Intelligence Unit Report*, Sudan, 1992:4에 인용된 국제사면위원회(Amnesty International) 보고서.

124 같은 책.

125 *Economist Intelligence Unit Report*, Sudan, 1993:3.

126 *Economist Intelligence Unit, Country Profile, Sudan*, 1993~4. 투라비 자신은 이렇게 주장했다. "이슬람의 각성은 이제 더는 서구에 맞서 싸우는 것과 관계가 없다. … 서구는 우리의 적이 아니다." 'Le nouveau Reveil de l' Islam', 앞의 책.

127 *Economist Intelligence Unit Report, Sudan*, 1993:1.

128 이것은 1970년대 중반에 인민 무자헤딘에서 뛰쳐나와 새 조직 — 파이카르의 전신 — 을 결성한 일부 옛 지도자들과 조직원들이 인민 무자헤딘의 사상을 아주 정확히 묘사한 말이다. 불행히도, 그 새 조직은 진정한 혁명적 마르크스주의가 아니라 게릴라주의와 마오주의에서 계속 벗어나지 못했다.

129 V Moghadam, 'Women, Work and Ideology in the Islamic Republic' *International Journal of Middle East Studies*, 1988, p 230.

130 같은 책, p 227.

131 같은 책.

132 E Abrahamian, *Khomeinism*, 앞의 책, p 16.